城市轨道交通建设工程矿山法施工技术指南

主　编　韩佳彤
副主编　周建国　郎世明　朱冠宇

北京理工大学出版社
BEIJING INSTITUTE OF TECHNOLOGY PRESS

内 容 提 要

本指南共17章，主要内容包括总则，术语，矿山法施工概述，施工准备，施工方法，辅助施工措施，隧道开挖，初期支护，二次衬砌，结构防水，施工竖井及横通道，特殊岩土和不良地质地段隧道施工，监控量测，施工机械与设备，通风防尘、风水电供应与通信系统，施工安全、文明施工与环境保护，建筑物保护。本指南为突出城市轨道交通工程矿山法施工特点，增强实用性和可操作性，在相应章节插入大量工程实景图片。

本指南可供城市轨道交通工程勘察、设计、建设、施工、监理、建设主管部门、质量监督部门和大专院校等单位相关人员使用和参考，也可作为相关企业及培训机构的业务培训资料。

版权专有　侵权必究

图书在版编目（CIP）数据

城市轨道交通建设工程矿山法施工技术指南 / 韩佳彤主编. —北京：北京理工大学出版社，2020.6

ISBN 978-7-5682-8550-6

Ⅰ. ①城…　Ⅱ. ①韩…　Ⅲ. ①城市铁路－轨道交通－工程施工－指南　Ⅳ. ①U239.5-62

中国版本图书馆CIP数据核字（2020）第096670号

出版发行 / 北京理工大学出版社有限责任公司
社　　址 / 北京市海淀区中关村南大街5号
邮　　编 / 100081
电　　话 / (010) 68914775（总编室）
　　　　　(010) 82562903（教材售后服务热线）
　　　　　(010) 68948351（其他图书服务热线）
网　　址 / http://www.bitpress.com.cn
经　　销 / 全国各地新华书店
印　　刷 / 天津久佳雅创印刷有限公司
开　　本 / 710毫米×1000毫米　1/16
印　　张 / 11
字　　数 / 214千字
版　　次 / 2020年6月第1版　2020年6月第1次印刷
定　　价 / 58.00元

责任编辑 / 孟祥雪
文案编辑 / 孟祥雪
责任校对 / 周瑞红
责任印制 / 边心超

图书出现印装质量问题，请拨打售后服务热线，本社负责调换

主 编 简 介

韩佳彤，男，1970年3月生，蒙古族，教授、工学博士，正高级工程师、专业技术二级，知名交通与市政工程专家、桥梁设计大师。现任呼和浩特市市政工程技术服务中心党总支书记、主任兼市住建局科技委主任，同心德市政工程设计公司总工程师兼地铁项目总设计师，二环快速路智能交通与监控集成系统总设计师。兼任内蒙古工业大学土木工程学院兼职教授，内蒙古建筑职业技术学院交通与市政工程学院特聘教授。教育部市政工程技术专业教育教学指导委员会委员，内蒙古自治区建筑工程系列高级专业技术资格评审委员会主任委员，呼和浩特市专业技术资格评审委员会主任委员。系呼市住建系统唯一享受国务院特殊津贴的首席专家，入选“新世纪百千万人才工程”国家级人选、“内蒙古少数民族专业技术人才特殊培养对象”和“内蒙古高层次人才培养对象”。2017年，当选党的十九大代表，作为自治区科技界唯一代表出席大会。

长期致力于城市智能交通监测、工程安全风险管理体系建设与信息系统设计与研究工作，主持工程设计施工230余项，主编自治区级工程建设规范标准10余项，取得自治区级科学技术成果10余项，获得国家发明专利50余项、软件著作权10余项，在国内外核心期刊发表论文10余篇。由自治区总工会授予的“韩佳彤劳模创新工作室”已为国家培养专业技术人员300多人、农牧民工1 000多人。曾获“内蒙古五一劳动奖章”“内蒙古突出贡献专家”“内蒙古杰出人才奖”“北疆工匠”“草原英才”“北疆楷模”“内蒙古最有成就的优秀科技工作者”“内蒙古最美科技工作者”“第七届感动内蒙古人物”“全国民族团结进步模范个人”“国家有突出贡献的中青年专家”“全国住建系统先进工作者”等荣誉称号。

编审委员会主任简介

石东升，男，1971 年 12 月生，工学博士，内蒙古工业大学教授，国家一级注册结构工程师，2015 年入选内蒙古自治区“草原英才”。主要研究领域：工程结构安全监测与评估，新型混凝土结构及预应力结构，低环境负荷建筑材料。主持包括国家自然科学基金在内的多项科研项目，在国内外重要期刊发表文章 60 多篇，出版专著 2 部，参编国家标准 1 部，主编地方标准 1 部，获得专利及软件著作权 12 项。

系列丛书编审委员会

编审主任： 石东升

编审副主任： 王英杰　陈　刚　曹　伟

编审委员： 程荷兰　何文东　杨德明　邬　磊　乔鹏程
张宏娜　刘　博　严子威　李　杰　王广峰

主编单位： 呼和浩特市市政工程技术服务中心
呼和浩特市城市轨道交通建设管理有限公司
内蒙古青城城乡建设研究院

参编单位： 北京交通大学
南京坤拓土木工程科技有限公司
内蒙古大学交通学院
内蒙古工业大学土木工程学院
内蒙古工业大学数据科学与应用学院
内蒙古建筑职业技术学院
内蒙古青山智能工程研究中心
中铁第一勘察设计院集团有限公司
中国铁路设计集团有限公司
呼和浩特市公安局交通管理支队
呼和浩特市城市管理行政执法监察二支队
呼和浩特市市政工程管理局
呼和浩特市建设工程质量监督站
呼和浩特市建筑工程安全管理行政执法大队
呼和浩特市同心德市政工程设计研究有限公司

序

PREFACE

随着国家西部大开发和东北振兴战略持续推进，新型城镇化和区域协调发展不断加快，区域经济一体化、城乡一体化进程对城市发展提出了更高要求。市政基础设施建设是城市可持续发展的基础，而城市轨道交通作为一种城市绿色出行的基础设施，是拓展城市发展空间和新型生态城市建设的重要组成部分。

内蒙古自治区地处祖国北部边疆，与西部、东北省份相邻，与京、津、冀经济圈相接，发展动能大。为了解决内蒙古自治区城市轨道交通建设工程领域技术不足、人才短缺等实际问题，呼和浩特市市政工程技术服务中心在自治区、住建厅、交通厅、呼和浩特市市政府、呼和浩特市住建局、呼和浩特市交通局等相关部门关心、指导和支持下，联合内蒙古工业大学、呼和浩特市城市轨道交通建设管理有限责任公司等单位一起编制了本套丛书，作为该领域人才培养、工程技术人员学习提升的参考资料，也可作为大专院校相关专业学生课外辅助用书。

城市轨道交通建设工程技术涵盖面广，涵盖工程勘察、设计、施工、验收全过程，本次编写的系列丛书主要包括“工程勘察”“设计技术要求与编制管理”“盾构法施工技术”“明挖法施工技术”“矿山法施工技术”“盖挖法关键技术及工程应用”“环境风险管理”“质量验收”8 个方面内容。

“工程勘察”主要包含轨道交通工程勘察基本规定，岩土分类、描述与围岩分级，规划勘察与可行性研究勘察，初步勘察，详细勘察，施工勘察，专项勘察与周边环境专项调查，不良地质作用与地质灾害，地下水，勘探取样与原位测试，岩土工程分析评价与勘察报告，勘察风险控制，勘察安全基本规定，特殊作业条件勘察安全等内容。

“设计技术要求与编制管理”主要包含设计技术要求、初步设计文件编制、施工图设计文件编制等内容。

“盾构法施工技术”主要包含盾构法施工准备、盾构施工测量、盾构选型的原则、盾构隧道竖井施工、盾构掘进施工、管片拼装、壁后注浆、隧道防水、施工安全与环境保护、施工资料整理和验收等内容。

“明挖法施工技术”主要包含明挖法施工准备、支护结构施工、土方开挖及支撑体系施工、结构防水施工、主体结构施工、监控量测、质量保证措施、安全管理及保证措施、文明施工措施、环境保护措施、雨期施工措施、突发事件处理及应急预案等内容。

“矿山法施工技术”主要包含矿山法施工准备，施工方法，辅助施工措施，隧道开挖，初期支护，二次衬砌，结构防水，施工竖井及横通道，特殊岩土和不良地质地段隧道施工，监控量测，施工机械与设备，通风防尘、风水电供应与通信系统，施工安全、文明施工与环境保护，建筑物保护等内容。

“盖挖法关键技术及工程应用”主要包含盖挖法支护体系，盖板体系，地上地下结构同步施工，土石方开挖与运输，基坑降水，结构施工，基坑开挖，防水施工，隧道注浆，施工监测，施工测量控制与质量要求，监控量测，防尘、通风、水电供应与通信系统等内容。

“环境风险管理”主要包含环境风险管理组织机构及各方职责、工程环境调查的安全风险技术管理、方案设计阶段的环境风险管理、初步设计阶段的环境风险管理、施工图设计阶段的环境风险管理、施工阶段的环境风险管理、工后阶段的环境风险管理等内容。

“质量验收”主要包含工程质量验收的划分、工程质量验收的条件、工程质量验收的程序及组织、工程项目交接及附则等内容。

本套丛书编写组人员都在城市轨道交通建设工程一线从事相关专业技术和管理工作。本套丛书在国家相关法律法规和技术规范框架下，在总结相关技术和实践经验的基础上，充分考虑到内蒙古地区现有的施工技术水平和今后的发展方向，并经过广泛调研和研究，吸取和借鉴了部分国内外标准，部分内容引入了一些现场照片和实际工程图表示例，力求能把技术问题讲清楚，也期待广大技术人员能对丛书内容进一步完善并提供相关素材。

本套丛书编写过程中得到了业务主管部门、行业协会、大专院校、相关企事业单位和相关领域专家学者的大力支持，在此表示衷心的感谢。由于时间紧迫，加之水平有限，本套丛书中还存在不足之处，恳请广大读者朋友批评指正。

前言

FOREWORD

城市轨道交通发展迅速，各国家的大城市大多修建地铁来缓解和改善交通紧张状况。我国人口众多，交通资源紧张，更应该发展地铁工程，因而地铁在我国有着良好的发展和应用前景。随着城市轨道交通建设的快速发展，城市范围内用矿山法开挖隧道越来越多。为指导城市轨道交通矿山法施工，不断提高工程技术水平，保证施工过程中的安全、规范，防止和减少施工过程中事故的发生，促进城市轨道交通工程建设事业的发展，我们组织编写了本指南。

本指南在编制过程中，遵照国家基本建设的有关方针和政策，在总结我国城市轨道交通工程施工实践经验的基础上，充分考虑我国现有的施工技术水平和今后的发展方向，经过广泛调研和研究，适当地吸取和借鉴了部分国内外标准。

本指南共 17 章，主要内容包括总则，术语，矿山法施工概述，施工准备，施工方法，辅助施工措施，隧道开挖，初期支护，二次衬砌，结构防水，施工竖井及横通道，特殊岩土和不良地质地段隧道施工，监控量测，施工机械与设备，通风防尘、风水电供应与通信系统，施工安全、文明施工与环境保护，建筑物保护。本指南为突出城市轨道交通工程矿山法施工特点，增强实用性和可操作性，在相应章节插入大量工程实景图片。本指南可供城市轨道交通工程勘察、设计、建设、施工、监理、建设主管部门、质量监督部门和大专院校等单位相关人员使用和参考。

各单位在使用本指南的过程中，还应严格遵守现行国家、行业有关法律法规、政策规定和工程建设标准的有关规定。因编者水平有限，难免存在疏忽之处，如发现需要修改和补充之处，请及时反馈。部分图片来自网络资源，向原作者一并致谢。

编　者

CONTENTS

1 总则

1.0.1 为统一内蒙古城市轨道交通建设矿山法施工技术要求，加强施工管理，保证工程质量，确保施工安全，编写本指南。

1.0.2 本指南适用于新建、改建城市轨道交通矿山法施工。

1.0.3 矿山法工程必须按照批准的设计文件施工，在施工中应根据地质预报及监控量测信息实施动态管理。

1.0.4 矿山法施工应根据地质复杂程度和隧道特点，进行施工风险评估，制定风险规避措施和安全应急救援预案。

1.0.5 矿山法施工应遵守国家有关劳动保护法规，确保作业人员身体健康，积极改善施工条件，加强通风、防尘、照明，防止有害气体、辐射对作业人员的危害。

1.0.6 矿山法施工应进行环境评价，注重环境保护和水土保持，施工中必须遵守污染物排放的国家标准和地方标准，本着“预防为主、防治结合”的原则，防止施工造成周边环境污染和破坏。

1.0.7 矿山法施工防水应遵循“以防为主，刚柔结合，多道设防，因地制宜，综合治理”的原则。

1.0.8 矿山法施工应采用信息化技术，推广应用新技术、新工艺、新材料、新设备，提高施工的管理水平和技术水平。

1.0.9 在施工过程中，应随时收集原始数据、资料，做好有关的施工记录。竣工后应根据施工特点编写单项和综合的施工技术总结，及时提交竣工文件。

1.0.10 矿山法施工除应符合本指南外，还应符合国家现行的有关标准的规定。

2 术语

2.0.1 城市轨道交通 urban rail transit

其是指采用轨道结构进行承重和导向的车辆运输系统，依据城市交通总体规划的要求，设置全封闭或部分封闭的专用轨道线路，以列车或单车形式，运送相当规模客流量的公共交通方式。城市轨道交通包括地铁、轻轨、单轨、有轨电车、磁浮系统、自动导向轨道系统、市域快速轨道系统等。

2.0.2 矿山法 mine tunnelling method

其是指修筑隧道的一种暗挖施工方法。传统的矿山法是指用钻研爆破的施工方法，又称钻爆法。现代矿山法包括新奥法、浅埋暗挖法及由其衍生的其他暗挖方法。

2.0.3 全断面法 full face excavation method

其是指按设计断面一次基本开挖成形的施工方法。

2.0.4 台阶法 bench cut method

其是指先开挖上半断面，待开挖至一定距离后同时开挖下半断面，上下半断面同时并进的施工方法。

2.0.5 环形开挖预留核心土法 ring cut method

其是指在一般土质或易坍塌的软弱围岩、断面较大的隧道施工时，先开挖环形拱部，同时预留上部核心土，再施工下部台阶的施工方法。

2.0.6 中隔壁法（CD 法） center diagram method

其是指在软弱围岩大跨隧道中，先分部开挖隧道的一侧，并施作中隔壁，然后分部开挖隧道的另一侧，最终封闭成环的施工方法。

2.0.7 交叉中隔壁法（CRD 法） center cross diagram method

其是指在软弱围岩大跨隧道中，先分部开挖隧道一侧，施作部分中隔壁和横隔板，并封闭成环；再分部开挖隧道另一侧，完成横隔板施工，最终隧道整个断面封闭成环的施工方法。

2.0.8 双侧壁导坑法 both side drift method

其是指在软弱围岩大跨隧道中，先开挖隧道两侧的导坑，并进行初期支护，再分部开挖剩余部分的施工方法。

2.0.9 中洞法 center cross diagram method

其是指修建暗挖结构时，先开挖中间部分（中洞），在中洞内施作梁、柱结构，然后开挖两侧部分（侧洞），并逐渐将侧洞顶部荷载通过中洞初期支护转移到梁、柱结构上的施工方法。

2.0.10 洞桩法 pile beam arch method

其是指修建暗挖结构时，首先开挖小导洞并在导洞内施作围护边桩、钢管柱及纵梁，使围护桩、钢管柱、纵梁、拱顶共同构成桩、梁、拱支撑体系，然后逐层向下开挖、施工内部结构，最终形成由外层边桩、拱顶初期支护和内层二次衬砌组合而成的永久承载体系的施工方法。

2.0.11 拱盖法 arch cover method

其是指拱部采用小导洞形式，逐步实现由小导洞到大跨的转换，并在两端以大拱脚的形式坐落在稳定基岩上，大拱脚纵向形成纵梁，在其上完成二衬，形成扣拱，在拱盖的保护下向下爆破开挖，然后施工下部结构的施工方法。

2.0.12 隧道地质超前预报 geological predication in tunnel

在分析既有地质资料的基础上，采用地质调查、物探、地质超前钻探、超前导坑等手段，对隧道开挖工作面前方的工程地质与水文地质条件及不良地质体的工程性质、位置、产状、规模等进行探测、分析判释及预报，并提出技术措施建议。

2.0.13 超前支护 advanced support

其是指隧道开挖前，将锚杆、小导管、管棚等沿隧道轴向以一定的角度斜插入开挖工作面拱部前方，对围岩进行预加固的支护。

2.0.14 初期支护 primary support

其是指采用复合式衬砌的隧道在开挖后施设的由喷射混凝土与锚杆、钢架、钢筋网等构成的第一次衬砌。

2.0.15 喷射混凝土 shotcrete， spray concrete

其是指利用压缩空气以一定喷射压力形成的一种混凝土。

2.0.16 钢架 steel frame or beam support

其是指用钢筋或型钢等制成的支护骨架构件。

2.0.17 光面爆破 smooth blasting

其是指为获得平整的开挖面，最后起爆周边眼的爆破方法。

2.0.18 预注浆 pioneer grouting

其是指为了固结围岩、封堵地下水或稳定开挖面，隧道开挖前在地面或开挖工作面或沿开挖轮廓线进行的超前注浆。

2.0.19 回填注浆 back filling grouting

其是指复合衬砌完成后，为填充防水板与二次衬砌之间的空隙而进行的灌浆。

2.0.20 二次衬砌 secondary lining

其是指在初期支护内侧施作的模筑混凝土衬砌，与初期支护共同组成复合式衬砌。

2.0.21 结构防水 structural waterproof

其是指以结构构件自身的密实性并采用刚性或柔性防水层、涂料等以达到隧道结构不发生渗漏水的防水目的。

2.0.22 监控量测 monitoring measurement

其是指隧道施工中对围岩、支护动态及周边建（构）筑物、道路、管线等环境进行的经常性观察和测量。

2.0.23 施工缝 construction joint

其是指在混凝土浇筑过程中，因设计要求或施工需要分段浇筑，而在先、后浇筑的混凝土之间形成的接缝。

2.0.24 防水等级 grade of waterproof

其是指根据轨道交通工程对防水的要求确定的结构允许渗漏水量的等级标准。

2.0.25 特殊岩土 special rock and soil

其是指对本身具有特殊的物理、力学、化学性质，并影响工程地质条件的岩土的统称，主要包括黄土、膨胀土（岩）、红黏土、软土（软松土）、盐渍土、岩盐、多年冻土、填土等。

2.0.26 不良地质 unfavorable geological condition

其是指由于各种地质作用和人类活动而造成的工程地质条件不良的地质现象的统称。交通工程修建和运营中经常遇到的不良地质现象有滑坡、错落、危岩、落石、崩塌、泥石流、风沙、岩溶、人为坑洞（采空区）、水库坍岸、地震、放射性地区和有害气体等。

3 矿山法施工概述

3.1 矿山法施工简介

矿山法又称为喷锚暗挖法，对地层的适应性较广，适用于结构埋置较浅、地面建筑物密集、交通运输繁忙、地下管线密布，以及对地面沉降要求严格的城镇地区地下构筑物施工。矿山法施工分为新奥法和浅埋暗挖法。

新奥法是应用岩体力学理论，以维护和利用围岩的自承能力为基点，采用锚杆和喷射混凝土为主要支护手段，及时地进行支护，控制围岩的变形和松弛，使围岩成为支护体系的组成部分，并通过对围岩和支护的量测、监控来指导隧道施工和地下工程设计施工的方法和原则。

浅埋暗挖法沿用新奥法基本原理，初次支护按承担全部基本荷载设计，二次模筑衬砌作为安全储备，初次支护和二次衬砌共同承担特殊荷载。应用浅埋暗挖法设计、施工时，同时采用多种辅助工法，超前支护，改善加固围岩，调动部分围岩的自承能力；采用不同的开挖方法及时支护、封闭成环，使其与围岩共同作用形成联合支护体系；在施工过程中应用监控量测、信息反馈和优化设计，实现不塌方、少沉降、安全施工等，并形成多种综合配套技术。

浅埋暗挖法施工的地下洞室具有埋深浅（最小覆跨比可达0.2）、地层岩性差（通常为第四纪软弱地层）、存在地下水（需降低地下水位）、周围环境复杂（邻近既有建、构筑物）等特点。

由于造价低、拆迁少、灵活多变、无须太多专用设备及不干扰地面交通和周围环境等特点，浅埋暗挖法在全国类似地层和各种地下工程中得到广泛应用。其在北京地铁复西区间、西单车站、首钢地下运输廊道、城市地下热力、电力管道、长安街地下过街通道及地铁“复—八”线中推广应用，在深圳地下过街通道及广州地铁1号线等地下工程中推广应用，并已形成了一套完整的综合配套技术。

同时，经过许多工程的成功实施，其应用范围进一步扩大，由只适用于第四纪地层、无水、地面无建筑物等简单条件，拓展到非第四纪地层、超浅埋（埋深已缩小到0.8 m）、大跨度、上软下硬、高水位等复杂地层及环境条件下的地下工程中去。

信息化技术的实施，实现了浅埋暗挖技术的全过程控制，有效地减少了由于地层损失而引起的地表移动变形等环境问题，不但使施工对周边环境的影响降到最低程度，而且由于及时调整、优化支护参数，提高了施工质量和速度，使其特点得到更进一步的发挥，矿山法成为城市地下工程设计、施工的一种好方法，具有重大的社会效益和环境效益。该方法在总体上达到了国际领先水平。

3.2 浅埋暗挖法施工

浅埋暗挖法的工艺流程和技术要求主要是针对埋置深度较浅、松散不稳定的土层和软弱破碎岩层施工面而形成的。

浅埋暗挖法与新奥法相比，更强调地层的预支护和预加固。因为地铁工程基本是在城镇施工，所以对地表沉降的控制要求比较严格。浅埋暗挖法支护衬砌的结构刚度比较大，初期支护允许变形量比较小，有利于减少对地层的扰动，保护周边环境。

3.2.1 地层预加固和预支护

在城市地铁隧道施工中，经常遇到砂砾土、砂性土、黏性土或强风化基岩等不稳定地层。这类地层在隧道开挖过程中自稳时间短暂，往往在初期支护尚未来得及施作，或喷射混凝土尚未获得足够强度时，拱墙的局部地层已开始坍塌。为此，需采用地层预加固、预支护的方法，以提高周围地层的稳定性。常用的预加固和预支护方法有小导管超前预注浆、开挖面超前深孔注浆及管棚超前支护。

3.2.2 隧道土方开挖与支护

采用浅埋暗挖法开挖作业时，所选用的施工方法及工艺流程，应保证最大限度地减少对地层的扰动，提高周围地层自承作用和减少地表沉降。根据不同的地质条件及隧道断面，选用不同的开挖方法，但其总原则是预支护、预加固一段，开挖一段；开挖一段，支护一段；支护一段，封闭成环一段。初期支护封闭成环后，隧道处于暂时稳定状态，通过监控量测，确认达到基本稳定状态时，可以进行二次衬砌的混凝土灌注工作。如量测结果证明尚未稳定，则需继续监测；如监测结果证明支护有失稳的趋势，则需及时通过设计部门共同协商，确定加固方案。

3.2.3 初期支护形式

在软弱破碎及松散、不稳定的地层中采用浅埋暗挖法施工时，除需对地层进行预加固和预支护外，隧道初期支护施作的及时性及支护的强度和刚度，对保证开挖后隧道的稳定性、减少地层扰动和地表沉降，都具有决定性影响。在诸多支护形式中，钢拱锚喷混凝土支护是满足上述要求的最佳支护形式。

3.2.4 二次衬砌

在浅埋暗挖法中，初期支护的变形达到基本稳定，且防水结构施工验收合格后，可以进行二次混凝土衬砌灌注工序。通过监控量测，掌握隧道动态，提供信息，指导二次衬砌施作时机。这是浅埋暗挖法中二次衬砌施工与一般隧道衬砌施工的主要区别。其他灌注工艺和机械设备与一般隧道衬砌施工基本相同。

二次衬砌模板可以采用临时木模板或金属定型模板，更多情况则使用模板台车，因为区间隧道的断面尺寸基本不变，有利于使用模板台车，加快立模及拆模速度。衬砌所用的模板、墙架、拱架均应式样简单、拆装方便、表面光滑、接缝严密。使用前应在样板台上校核；重复使用时，应随时检查并整修。

3.2.5 监控量测

利用监控量测信息指导设计与施工是浅埋暗挖施工工序的重要组成部分。在设计文件中应提出具体要求和内容，监控量测的费用应纳入工程成本。在实施过程中施工单位要有专门机构执行与管理，并由项目技术负责人统一掌握、统一领导。经验证明，拱顶下沉是控制稳定较直观的和可靠的判断依据，水平收敛和地表下沉有时也是重要的判断依据。对于地铁隧道来讲，地表下沉测量显得尤为重要。

浅埋暗挖法施工总体施工流程如图3.2.5所示。

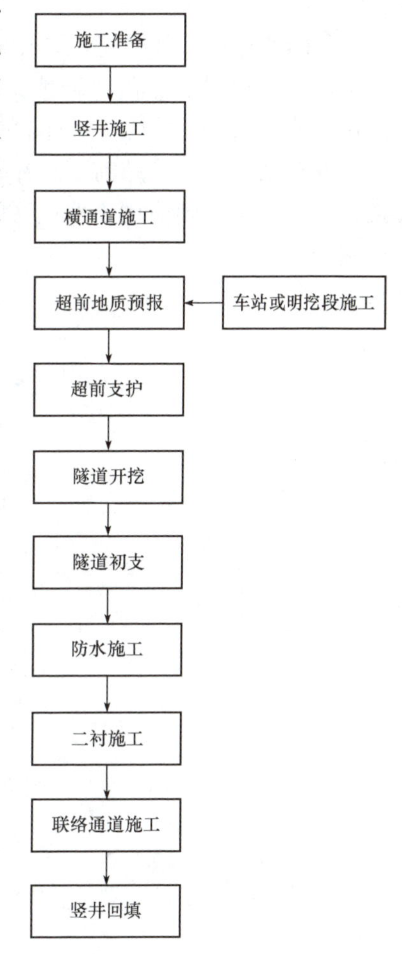

图 3.2.5 浅埋暗挖法施工总体施工流程

3.3 矿山法的应用

目前，矿山法在地铁区间隧道施工中的使用比较普遍，施工经验已比较成熟，采用矿山法进行地铁施工时，工程投资小，对地面干扰也相对较小，能够避免明挖法施工的房屋拆迁、交通改道，减少对沿线居民日常生活和出行的影响，并且对地质的适应性强、地表沉降量小，适用于硬、软岩地下工程，在渡线、联络线、折返线等结构复杂的隧道断面工程中，矿山法具有其他工法无法比拟的优越性。

我国的地铁工作者运用矿山法施工原理修建了大量地铁工程，特别在中硬岩地层中，不仅利用锚杆和喷射混凝土，还利用地层注浆、格栅、管棚等手段相互配合使用，有许多技术创新。我国在中硬岩地层的地铁施工技术也已进入世界先进行列，并总结出了“管超前、严注浆、短开挖、强支护、快封闭、勤量测”的施工原则。这一施工原则应用于地铁区间隧道施工中，在我国地铁隧道工程中发挥了重要作用。

4 施工准备

4.1 施工调查

4.1.1 施工调查前应查阅设计文件和相关资料，制定调查提纲。调查结束后，根据调查情况编写书面的施工调查报告。

4.1.2 施工调查应包括下列内容：

1）工程概况，包括工程环境、气候特征、工程地质、水文地质、工程规模、工程特点等。

2）工程的施工条件，包括施工运输、水源、供电、通信、场地布置、弃碴场地及容纳能力、征地拆迁情况等。

3）当地原材料及半成品的品种、质量、价格及供应能力等。

4）当地的交通运输状况，包括运能、运价、装卸费率等。

5）钻爆法施工所需爆破器材的供应情况及供货渠道等。

6）地方生活供应、医疗、卫生、防疫、民族风俗及居民点的社会治安情况等。

7）对当地生态、环境保护的一般规定和特殊要求，工程对环境可能造成的近、远期影响等。

8）当地可供利用的劳动力资源状况，包括工费、就业情况等。

9）绘制施工调查平面总图。

4.2 施工场地与临时工程

4.2.1 施工场地布置应遵循下列原则：

1）有利于安全生产、文明施工、节约用地和保护环境。

2）事先统筹规划，分期安排，便于各项施工活动有序进行，避免相互干扰。

4.2.2 施工场地布置应包括下列内容：

1）确定卸碴场的位置和范围。

2）汽车运输道路的引入和其他运输设施的布置。

3）确定风、水、电设施的位置。

4）确定大型机具设备的组装和检修场地。

5）确定混凝土拌合站（场）、预制场及砂、石等材料场的位置。

6）确定各种生产、生活等房屋的位置。

7）场内临时排水系统的布置。

4.2.3 临时工程施工应符合下列规定：

1）运输道路应满足运量和行车安全的要求。

2）高压、低压电力线路及变压器和通信线路应按有关规定统一布置及早建成。

3）各种房屋按其使用性质应符合相应的安全消防规定；爆破器材库、油库的位置应符合有关安全的规定；房屋区内应有通畅的给排水系统并避开高压电线。

4）严禁将住房等临时设施布置在受洪水、泥石流、落石、雪崩、滑坡等自然灾害威胁的地点。

5）高位水池应远离隧道中线修建。

6）临时工程及场地布置应采取保护自然环境的措施。

4.2.4 施工场地布置时，在水源保护地区内不得取土、弃土、破坏植被等，不得设置拌合站、洗车台、充电房等，不得堆放任何含有害物质的材料或废弃物。

4.2.5 隧道内、外施工场所应按《工作场所职业病危害警示标识》（GBZ 158—2003）设置禁止标识、警告标识、指令标识、提示标识，并配以相应的警示语句。

4.2.6 工程竣工时，应修整、恢复受到施工破坏或影响的植被、城市道路及自然资源等。

4.3 图纸会审

4.3.1 图纸会审组织。施工单位收到设计文件和图纸后，应仔细、全面地熟悉环境调查报告及施工图设计图纸，及时组织图纸会审。

4.3.2 施工单位应将图纸会审结果及存在问题形成资料，以书面形式报送建设、设计、监理等相关单位。由监理单位组织图纸会审，设计单位处置，经建设、设计、施工、监理等单位确认、签字并盖章后作为设计文件的补充。设计方案出现较大调整或工程造价变化较大时，需严格按照建设单位的变更管理办法执行。

4.3.3 图纸会审应包括下列内容：

1）标准、技术条件和设计原则等。

2）隧道的平面及纵断面。

3）隧道的勘测资料，如地形、地貌、工程地质、水文地质、钻探图表等。

4）设计各专业的接口及相互衔接的施工方法和技术措施。

5）隧道穿过不良地质地段的设计方案，隧道施工对环境可能造成影响的预防措施。

6）竖井及横通道的类型、位置、施工条件等。

7）设计文件的齐全性，各分册之间的一致性。

8）相关执行标准和影响施工的其他问题等。

4.4 实施性施工组织设计

4.4.1 编制实施性施工组织设计应通过全面的调查研究，按照建设项目的工期要求和投资计划，有计划地合理组织和安排好工期、施工方案、施工方法，并提出劳动力、材料、机具设备等生产资源的合理配置。

4.4.2 实施性施工组织设计中的施工方案、进度计划和现场平面布置，宜在多方案的基础上，经过技术、经济、工期的比较后，择优确定。

4.4.3 编制实施性施工组织设计应以下列内容为依据：

1）《建设工程项目管理规范》（GB/T 50326—2017）中项目管理实施规划的要求。

2）建设工程项目的招标文件及合同文件。

3）设计文件、现行的相关国家标准和行业标准及企业标准等。

4）调查资料，如气象、交通运输情况、当地建筑材料分布、临时辅助设施的修建条件，以及水、电、通信等情况。

5）工程建设法律法规和有关规定文件。

6）企业的质量管理、环境管理、职业健康安全管理等体系文件。

7）设计单位技术交底纪要。

8）企业的实际施工水平。

4.4.4 实施性施工组织设计应包括下列内容：

1）地理位置、地理特征、气候气象、工程地质、水文地质、工程设计概况和主要工程数量等。

2）合同文件关于工期、安全、质量、文明施工、环境保护等要求。

3）施工条件、工程特征分析（特点、重点、难点）和施工方案。

4）施工单位关于工期、安全、质量、文明施工、环境保护的控制目标。

5）项目经理部组织机构设置及岗位职责。

6）洞口生产场地布置及临时工程规划。

7）洞内、外管线布置及风、水、电供应方案。

8）编制各工序进度指标、施工总进度计划、单位工程施工进度计划及次级进度计划横道图、网络计划图并标明关键线路。

9）洞口工程、进洞、洞身开挖、装碴运输、初期支护、二次衬砌、施工通风、施工排水、控制测量、施工测量、超前地质预报、监控量测等工序的施工方法、工艺流程、检验标准、实施要点。

10）机械设备配备、劳动力配备、主要材料分阶段供应计划、主要材料的采购以及运输方式等。

11）材料检验、工程计量、资料归档、成本控制、职工培训计划等各项管理制度。

12）关于工程工期、工程质量、安全生产、文明施工、环境保护和雨季、冬季及高温季节施工的组织、技术、经济等保证措施及奖惩条例。

13）施工过程中对环境的直接影响和潜在影响，对各种影响因素所采取的预防和保护措施。

14）施工阶段风险评估和风险规避措施。

15）隧道施工地区发生自然灾害、施工过程发生紧急情况时的应急预案。

4.4.5 项目管理有关部门的人员应参与实施性施工组织设计的编制，以确保其实用性和针对性。

4.4.6 在实施过程中应根据客观条件、生产资源配置的变化情况及时调整施工组织设计，并及时报送监理工程师批准，实行动态管理。

4.5 施工复测和控制测量

4.5.1 测量方案要求。施工前，应根据工程特点编制施工测量方案，经监理单位审核后报测量中心单位复审，批准后实施。

4.5.2 施工复测应按下列程序进行：

1）勘测设计单位向施工单位进行交接桩以后，施工单位应对所交的控制点进行复测，复测应包括下列内容：

（1）GPS 点的基线边长度；

（2）导线点的转角、导线点间的距离；

（3）水准点间的高差；

（4）复测应与相邻标段进行贯通测量，确保标段施工交界处正确衔接。

2）复测结果与设计单位的勘测成果不符时，必须再次复测进行确认。当确认设计单位勘测资料有误或精度不符合规定要求时，应积极与设计单位协商对勘测成果进行改正。

3）控制点复测完成后应编制详细的复测成果书并形成交桩文件，复测成果应报送监理单位和设计单位，复测成果满足要求并经监理单位批复后方可进行后续的测量工作。

4.5.3　隧道长度大于 1 000 m 时，应根据隧道横向贯通精度的要求进行平面控制测量设计。

4.6　作业人员的教育和培训

4.6.1　在隧道施工前和施工过程中，对管理人员、作业人员应经常进行安全教育，提高自我保护意识。

4.6.2　结合隧道施工现场实际，进行质量管理策划，确定质量管理目标，建立质量控制体系、编制质量管理实施计划，并培训作业人员，考核合格后持证上岗，确保隧道工程质量。

4.6.3　隧道施工必须严格执行有关规范条例，进行危险源辨识和安全风险评估，建立安全生产责任制，编制安全管理实施方案，制定相应的应急预案，培训作业人员考核合格后持证上岗，确保隧道施工安全。

4.6.4　从事隧道施工作业的人员应符合劳动法律、法规的规定，并对其进行培训以提高法制观念。特种作业人员培训后持证上岗，其他人员培训后上岗。

4.6.5　施工过程中应对职工加强技术培训和安全技术交底，在推广新技术和使用新型机械设备时，应对职工进行再培训和安全教育。

4.6.6　根据隧道施工情况，应对作业人员进行定期健康检查，并归入档案进行管理。

4.7　技术安全交底

4.7.1　在施工前需要对施工作业人员进行技术交底和安全交底。需要对施工过程中的关键工艺、关键工序及安全风险等对作业人员进行详细交底。

4.7.2 操作工人应熟悉工种的安全技术操作规程，否则不允许参加施工。

4.7.3 各级施工管理人员、技术人员，必须熟悉与施工有关的安全规程、规范、条例、标准等各项规定。

4.7.4 分项、分部工程开工前，技术负责人应就批准的施工方案、技术措施及设计要求等组织施工技术交底。针对各工序施工中可能出现的安全风险、安全注意事项、急救包使用及应急救援措施、紧急逃生措施等，应进行逐项安全技术交底。

4.7.5 在推广新技术和使用新机械设备时，应对职工进行专项施工技术及安全交底。

4.7.6 对特殊、重要工序施工应设置重要控制点，编制专门的作业指导书，并进行交底。

4.7.7 施工工艺发生变化时，应对相关技术及管理人员、作业队及班组进行二次交底。

4.8 施工材料

4.8.1 施工中所需要的砂、石、料、钢筋、混凝土、钢管等必须符合使用要求。

4.8.2 在选择材料方面，应该从材料型号、规格、出厂日期等方面选择具有相应生产资质的厂家。

4.8.3 材料进场前必须进行取样见证，经检验满足施工要求，方可大批量引进材料。

4.9 施工机械

4.9.1 根据隧道实施性施工组织设计的要求，应配备污染少、能耗小、效率高的施工机械，并宜优先选择电动机械。

4.9.2 施工机械应机况良好，零配件、附件及履历书齐全，施工机械的准备应适应施工进度的要求，确保正常施工。

4.9.3 隧道机械设备的安装应选择适宜的地点，应尽量减少机械运转时的废气、噪声、废液、振动等对周围环境造成污染和影响。在靠近居民区时，各项排放指标均应达到现行国家标准《建筑施工场界环境噪声排放标准》（GB 12523—

2011）、《污水综合排放标准》（GB 8978—1996）、《环境空气质量标准》（GB 3095—2012）等有关规定。

4.9.4 施工机械应根据隧道工程特点参照下列原则进行选型配套：

1）隧道施工机械配置，以实现机械化均衡生产为目的，结合工期和成本目标，配置的生产能力应大于均衡施工能力，均衡施工能力应大于施工进度指标要求。

2）施工中的关键机械，如混凝土的拌合设备、运输设备、支护设备、混凝土输送泵、空压机、通风机、抽水机等必须有备用数量。

3）浇筑二次衬砌应采用拱、墙整体式的衬砌台车。

4）仰拱施工地段应采用栈桥跨越设备。

4.9.5 按施工机械的用途，其进场、安装、调试与“四通（水、电、道路、通信）一平（场地）”应同步或交叉进行，使机械尽早投入使用，并逐步形成各工序的机械化作业。

5 施工方法

5.1 一般规定

5.1.1 隧道施工方法的选择应根据环境条件、地质条件、断面大小、埋深、结构形式、隧道长度、设备配置、工期要求、经济效益以及环境保护等因素综合确定。

5.1.2 隧道各作业面应逐步实现可视化管理，及时掌握各种信息，提高隧道施工的管理水平。

5.1.3 软弱破碎围岩宜采用岩土控制变形分析法施工技术。

5.1.4 采用矿山法施工时，可在下列施工方法中选择：

1）全断面法；

2）台阶法；

3）中隔壁法；

4）双侧壁导坑法；

5）中洞法；

6）洞桩法；

7）拱盖法。

5.2 全断面法

5.2.1 全断面法适用范围：

1）全断面法是按设计断面一次开挖基本成形的施工方法。

2）在城市轨道交通工程中，全断面法适用于Ⅰ、Ⅱ、Ⅲ级围岩，环境条件对振动和地层变形要求不高的地段的一般单线隧道（跨度一般不超过 8 m）；Ⅳ级围岩在采取有效的超前加固措施稳定开挖工作面后，结构跨度及环境条件允许，也可

采用全断面法开挖。

3）全断面法的优点是工序少，相互干扰少，便于组织施工和管理；工作空间大，便于组织大型机械化施工，施工速度快。

4）全断面法施工实景如图 5.2.1 所示。

图 5.2.1 全断面法施工实景

5.2.2 全断面法施工工序如图 5.2.2 所示。

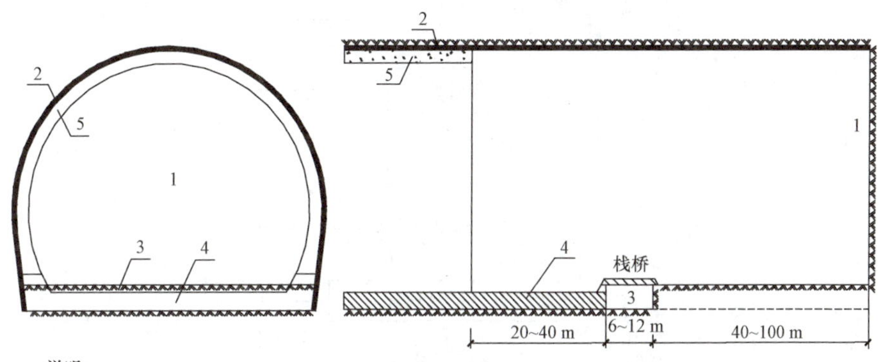

说明：
1. 全断面开挖；2. 初期支护；3. 隧道底部开挖（捡底）；4. 底板（仰拱）浇筑；5. 拱墙二次衬砌

图 5.2.2 全断面法施工工序

5.2.3 全断面法施工工艺流程如图 5.2.3 所示。

5.2.4 全断面法施工应符合下列规定：

1）全断面法开挖空间大，工序少，应采用大型配套机械化作业，各道工序尽可能平行交叉作业，缩短循环时间。

2）全断面法开挖量大，爆破引起的振动较大，应严格控制一次同时起爆的炸药量，按钻爆设计要求控制炮眼间距、深度和角度，钻眼完毕，按炮眼布置图进行检查并做好记录，对不符合要求的炮眼应重钻眼，经检查合格后方可装药。

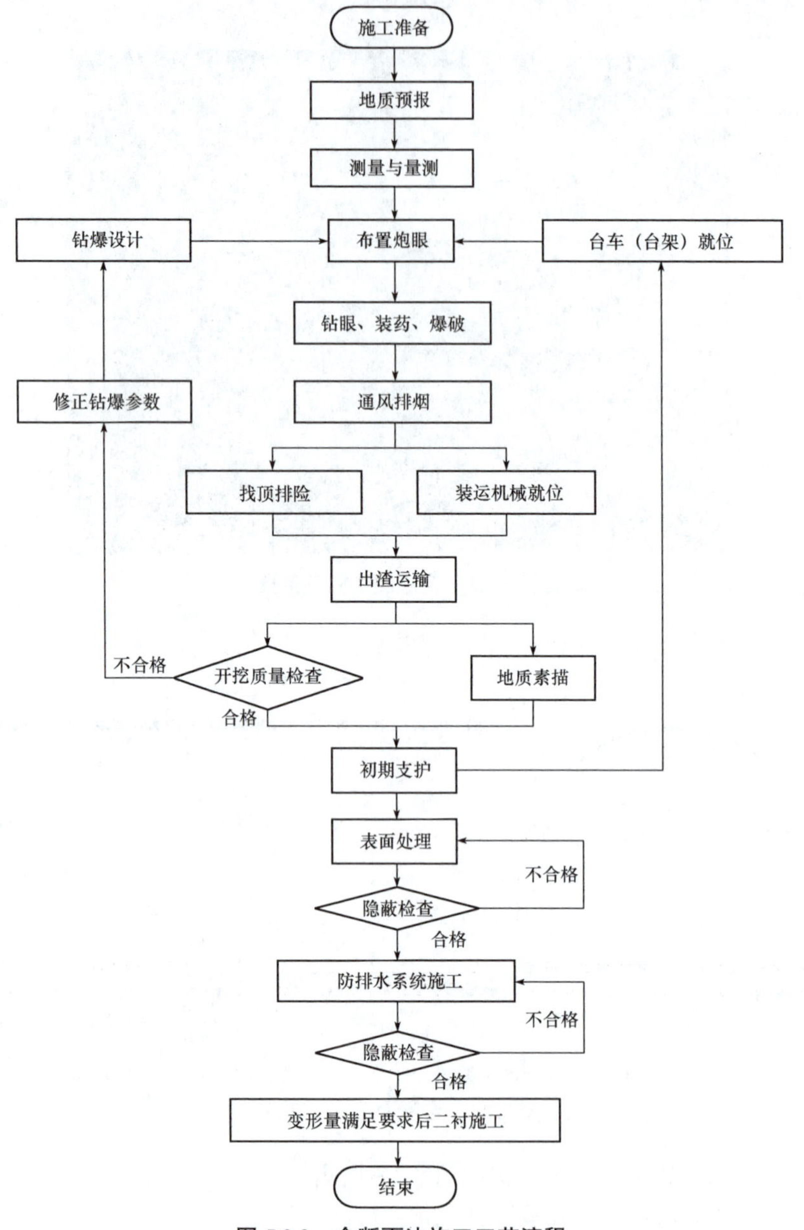

图 5.2.3　全断面法施工工艺流程

3）钻眼时，周边眼及掏槽眼应定人定岗，并严格控制周边眼外插角。每循环爆破后，应认真查看爆破效果，并根据超欠挖及炮眼痕迹保留率不断优化钻爆参数，改善爆破效果，减少超欠挖。

4）应确定合理的循环进尺，确保两个循环的接槎位置平滑、圆顺。

5）每循环爆破后及时找顶，初期支护施作前应按要求进行地质素描。

6）对于扁平大跨度、大断面围岩受力不利，初喷与系统锚杆应紧跟。

5.3 台阶法

5.3.1 台阶法的定义及适用范围。

1）台阶法是先开挖上半断面，待开挖至一定距离后同时开挖下半断面，上下半断面同时并进的施工方法。

2）台阶法有多种开挖方式，可根据地层条件、断面大小和机械配备情况合理选用。台阶法可分为上、下两部或上、中、下三部及弧形导坑预留核心土法等。

3）台阶法适用于Ⅳ级及以上围岩隧道施工，环形开挖预留核心土法适用于Ⅴ、Ⅵ级围岩；开挖跨度一般不超过 12 m。

4）台阶法施工实景如图 5.3.1-1 所示，环形开挖预留核心土法实景如图 5.3.1-2 所示。

图 5.3.1-1 台阶法施工实景

图 5.3.1-2　环形开挖预留核心土法实景

5.3.2　上、下两部台阶法施工工序如图 5.3.2-1 所示，弧形导坑预留核心土法施工工序如图 5.3.2-2 所示。

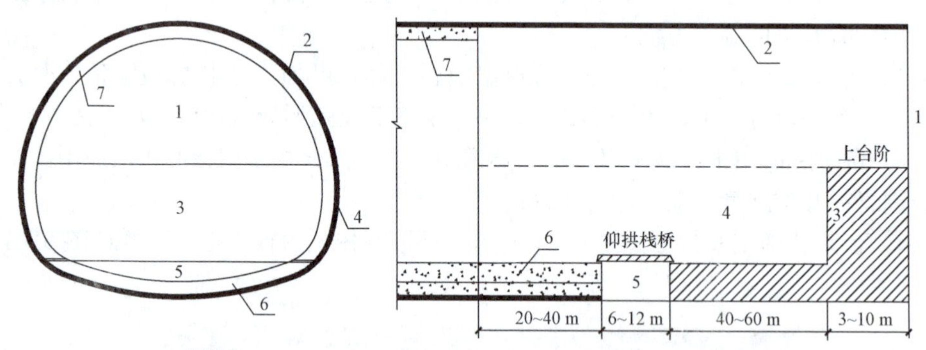

说明：
1. 上部开挖；2. 上部初期支护；3. 下部开挖；4. 下部初期支护；
5. 底部开挖（捡底）；6. 仰拱及混凝土填充；7.二次衬砌

图 5.3.2-1　上、下两部台阶法施工工序

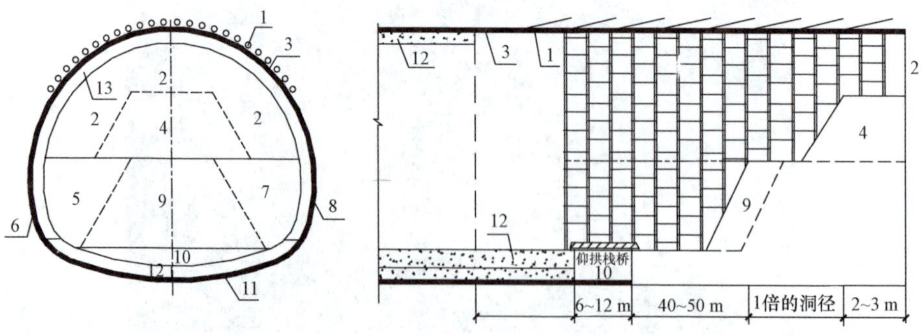

说明：
1. 超前支护；2. 上部弧形导坑开挖；3. 上部初期支护；4. 上部核心土；5、7两侧开挖；6、8两侧初期支护；
9. 下部核心土开挖；10. 仰拱开挖（捡底）；11. 仰拱初期支护；12. 仰拱及填充混凝土；13. 拱墙二次衬砌

图 5.3.2-2　弧形导坑预留核心土法施工工序

5.3.3 环形开挖预留核心土法施工工艺流程如图 5.3.3 所示。

5.3.4 台阶法施工应符合下列规定：

1）根据围岩条件和施工机械配备情况合理确定台阶长度、台阶高度及台阶数量，其各部形状应在有利于保持围岩稳定的前提下尽量便于机械作业。

2）当围岩自稳能力较好，隧道开挖跨度不大时，为方便作业，台阶长度宜控制在 10 ～ 50 m；围岩稳定性较差时，台阶长度宜控制在 3 ～ 10 m。

3）上部断面使用钢架时，可采用扩大拱脚和施作锁脚锚杆（管）等措施，防止拱部下沉变形。上下断面初期支护钢架连接应平顺，螺栓连接应牢固。

4）围岩整体性较差时，施工中应采取措施减少下部开挖时对上部围岩和支护的扰动，下部断面开挖应两侧交错进行，下部断面应在上部断面喷射混凝土达到一定强度后开挖。

5）当围岩不稳定时，进尺宜为 1 ～ 1.5 m，落底后应立即施作初期支护。

6）仰拱应及时施作，使支护及早闭合成环。

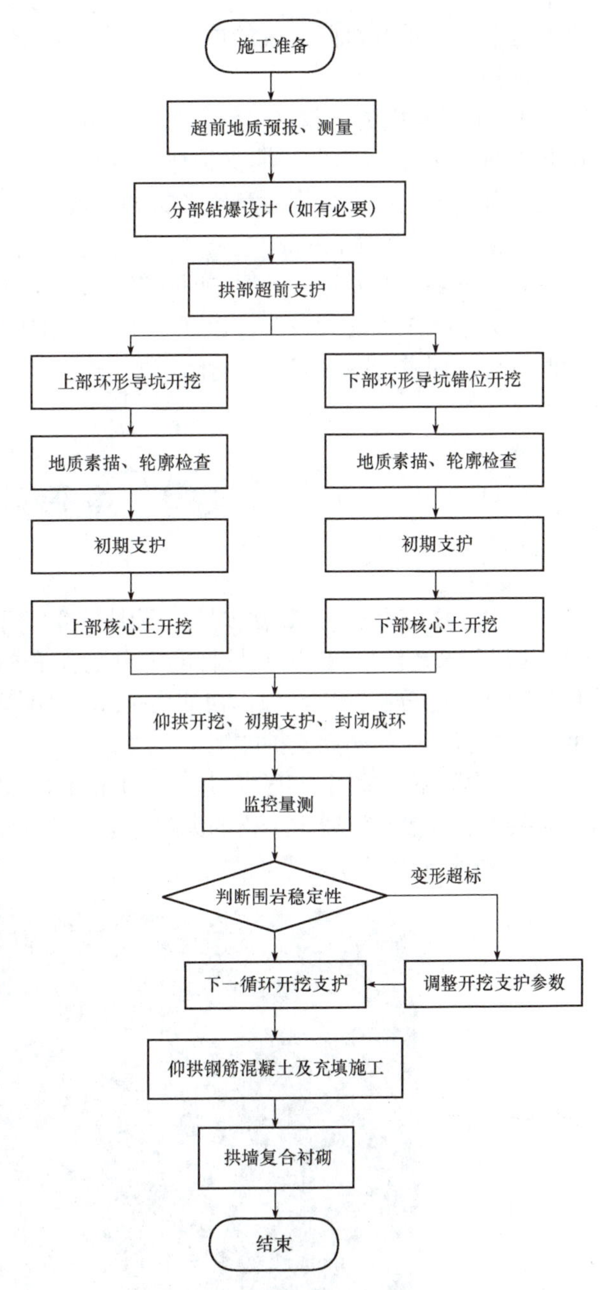

图 5.3.3 环形开挖预留核心土法施工工艺流程

7）在软弱围岩条件下，应注意下台阶开挖马口不得过长、应左右错开，应挖一榀接腿一榀，并应及时做好仰拱初支及时封闭。严禁拱脚悬空过长、悬空时间过长。

8）遇围岩变差可以采用缩短台阶和加强锁脚锚杆等措施，针对跨度大、拱脚

地基承载力不足和沉降过大的情况，可以增设临时仰拱辅助工法防止过大下沉，稳定上部初支。

9）下半断面的开挖（又称落底）应在上半断面初期支护基本稳定后进行，或采用其他有效措施确保初期支护体系的稳定性；采用单侧落底或双侧交错落底，避免上部初期支护两侧同时悬空；又如，视围岩状况严格控制落底长度，一般采用 1 ～ 3 m，并不得大于 6 m。

10）下部边墙开挖后必须立即喷射混凝土，并按规定做初期支护。

11）量测工作必须及时，以观察拱顶、拱脚和边墙中部位移值，当发现速率增大时，应立即进行底（仰）拱封闭，或缩短进尺，加强支护，分割掌子面等。

5.4 中隔壁法

5.4.1 中隔壁法（CD 法）适用范围。

1）中隔壁法（CD 法）是将隧道分为左右两部分进行开挖，先在隧道一侧采用二部或三部分层开挖，施作初期支护和中隔墙临时支护，再分台阶开挖隧道另一侧，并进行相应的初期支护的施工方法。

2）中隔壁法适用于开挖跨度大于 8 m 且不超过 18 m 的地下暗挖工程。一般在地层较差且地表下沉要求严格的大跨隧道、地铁暗挖车站附属结构等施工中应用。

3）中隔壁法施工实景如图 5.4.1 所示。

图 5.4.1　中隔壁法施工实景

5.4.2 中隔壁法施工工序如图 5.4.2 所示。

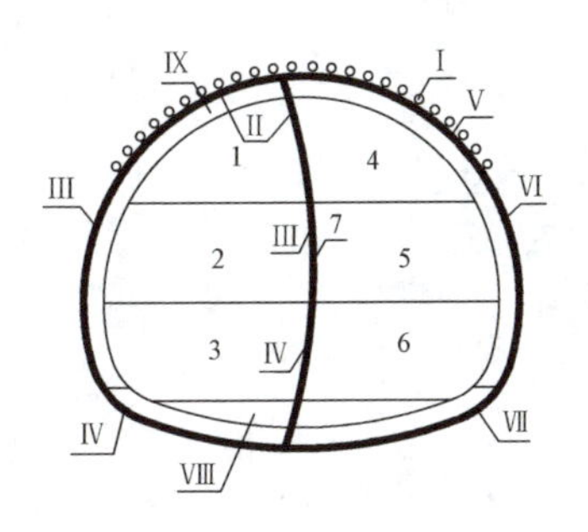

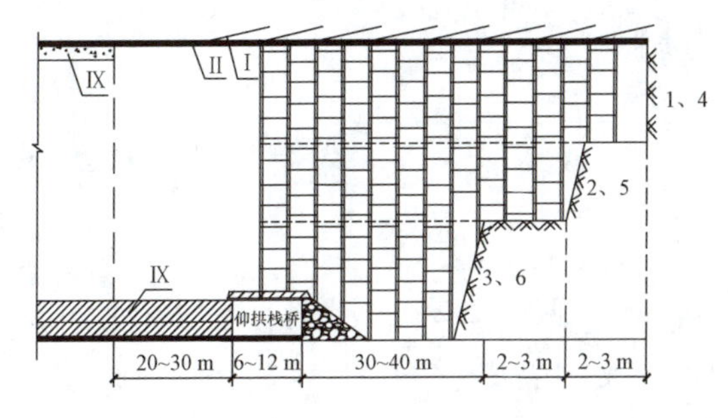

说明：

Ⅰ. 超前支护；1. 左侧上部开挖；Ⅱ. 左侧上部初期支护；2. 左侧中部开挖；Ⅲ. 左侧中部初期支护；3. 左侧下部开挖；Ⅳ. 左侧下部初期支护；4. 右侧上部开挖；Ⅴ. 右侧上部初期支护；5. 右侧中部开挖；Ⅵ. 右侧中部初期支护；6. 右侧下部开挖；Ⅶ. 右侧下部初期支护；7. 拆除中隔墙；Ⅷ. 仰拱及填充混凝土；Ⅸ. 拱墙二次衬砌

图 5.4.2　中隔壁法施工工序

5.4.3　中隔壁法施工工艺流程如图 5.4.3 所示。

5.4.4　中隔壁法施工应符合下列规定：

1）中隔壁法左右两部分的台阶高度应根据地质情况、隧道断面大小和施工设备确定。

每侧按两部或三部分台阶开挖，开挖后应及时施作初期支护、中隔壁；两侧先后距离宜保持 10 ～ 20 m，上下断面的距离宜保持 3 ～ 5 m。

2）各部开挖时，相邻部位的喷射混凝土强度应达设计强度的 70％以上。

3）先行侧的中隔壁应设置为向外鼓的弧形。

4）中隔壁在浇筑仰拱前逐段拆除。中隔壁一次拆除长度应根据量测结果确定，不宜大于 15 m。临时支护拆除后应及时施作仰拱和二次衬砌。

5）特殊情况下可将中隔壁浇筑在仰拱中，待铺设防水板时再割断。

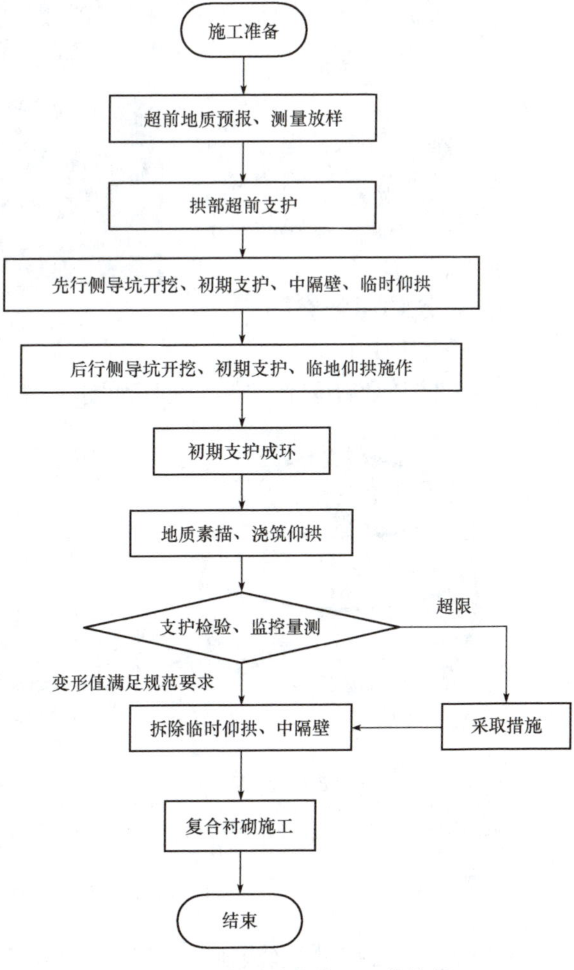

图 5.4.3　中隔壁法施工工艺流程

5.5 交叉中隔壁法

5.5.1 交叉中隔壁法（CRD 法）适用范围。

1）交叉中隔壁法（CRD 法）是在软弱围岩大跨隧道中，先分部开挖隧道一侧，施作部分中隔壁和横隔板，并封闭成环，再分部开挖隧道另一侧，完成横隔板施工，最终隧道整个断面封闭成环的施工方法。

2）交叉中隔壁法适用于开挖跨度大于 8 m 且不超过 20 m 的地下暗挖工程。一般在开挖断面较大，围岩相对较软弱，地面沉降要求严格的地段采用。

3）交叉中隔壁法施工实景如图 5.5.1 所示。

图 5.5.1 交叉中隔壁法施工实景

5.5.2 交叉中隔壁法施工工序如图 5.5.2 所示。

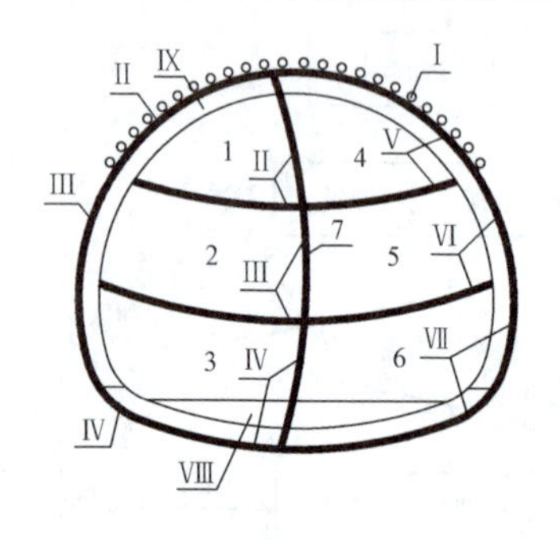

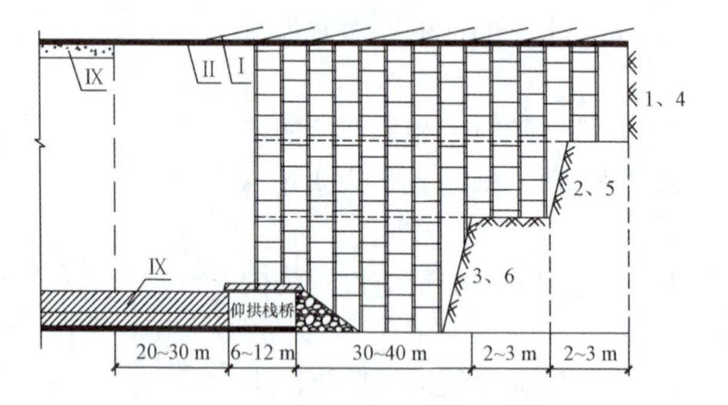

说明：
Ⅰ. 超前支护；1. 左侧上部开挖；Ⅱ. 左侧上部初期支护成环；2. 左侧中部开挖；Ⅲ. 左侧中部初期支护成环；3. 左侧下部开挖；Ⅳ. 左侧下部初期支护成环；4. 右侧上部开挖；Ⅴ. 右侧上部初期支护成环；5. 右侧中部开挖；Ⅵ. 右侧中部初期支护成环；6. 右侧下部开挖；Ⅶ. 右侧下部初期支护成环；7. 拆除中隔墙及临时仰拱；Ⅷ. 仰拱及填充混凝土；Ⅸ. 拱墙二次衬砌

图 5.5.2 交叉中隔壁法施工工序

5.5.3 交叉中隔壁法施工工艺流程如图 5.5.3 所示。

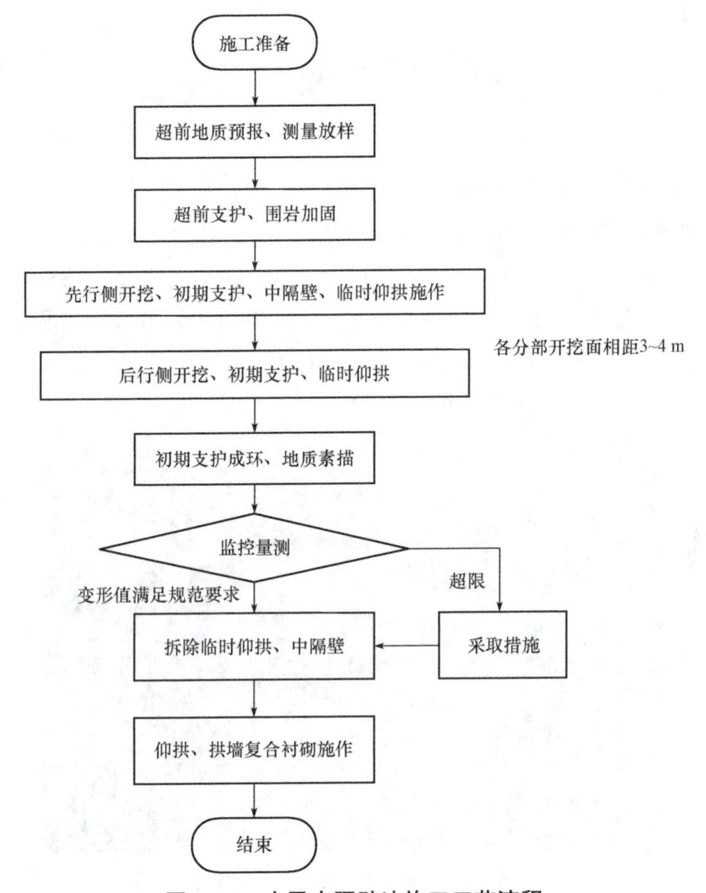

图 5.5.3　交叉中隔壁法施工工艺流程

5.5.4　交叉中隔壁法施工应符合下列规定：

1）根据地质条件，隧道断面的分部，应以初期支护受力均匀，便于发挥人力、机械效率为原则，一般水平方向分两部、上下分二至三层开挖。

2）先行施工部位的临时支撑（中隔壁、临时仰拱），均应有向外（下）鼓的弧度。

3）各部开挖及支护应自上而下，开挖后及时施作初期支护、中隔壁、临时仰拱，步步成环。

4）同一层左右两部开挖工作面相距不宜大于 15 m，上下层开挖工作面相距宜保持 3 ～ 4 m，且待喷射混凝土强度达到设计强度的 70％后开挖相邻部位。

5）宜缩短各部开挖工作面的间距，使初期支护尽早封闭成环。

6）根据监控量测结果，中隔壁及临时仰拱在仰拱浇筑前逐段拆除，每段拆除长度宜不大于 15 m。

5.6 双侧壁导坑法

5.6.1 双侧壁导坑法适用范围。

1）双侧壁导坑法是先开挖隧道两侧导坑，及时施作导坑四周初期支护及临时支护，然后根据地质条件、断面大小，对剩余部分采用二部或三部开挖的方法。

2）双侧壁导坑法实质是将大跨（一般大于 20 m）分成 3 个小跨作业。一般适用于开挖断面较大，围岩相对较软弱，地面沉降要求严格的地段。

3）双侧壁导坑法施工实景如图 5.6.1 所示。

图 5.6.1　双侧壁导坑法施工实景

5.6.2 双侧壁导坑法施工工序如图 5.6.2 所示。

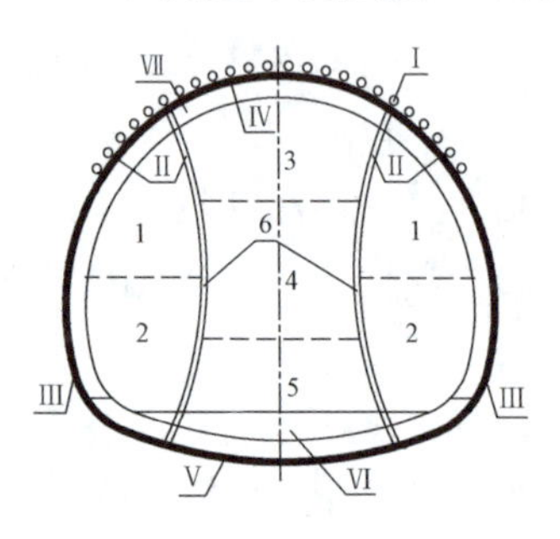

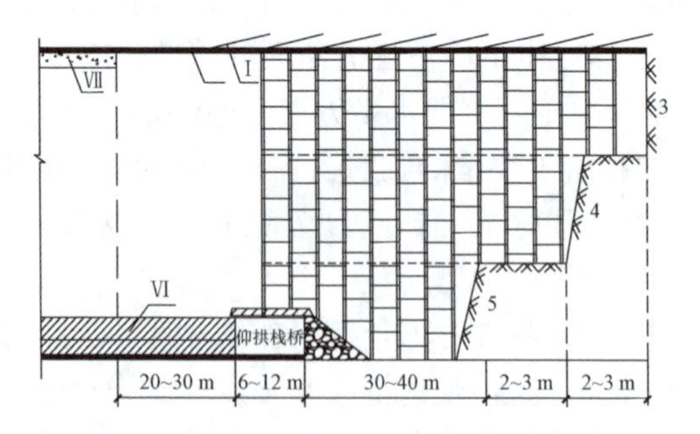

说明：
Ⅰ. 超前支护；1. 左（右）侧导坑上部开挖；Ⅱ. 左（右）侧导坑上部支护；2. 左（右）侧导坑下部开挖；Ⅲ. 左（右）侧导坑下部支护；3. 中槽拱部开挖；Ⅳ. 中槽拱部初期支护与左右Ⅱ闭合；4. 中槽中部开挖；5. 中槽下部开挖；Ⅴ. 中槽下部初期支护与左右Ⅲ闭合；6. 拆除临时支护；Ⅵ. 仰拱及填充混凝土；Ⅶ. 拱墙二次衬砌

图 5.6.2　双侧壁导坑法施工工序

5.6.3 双侧壁导坑法施工工艺流程如图 5.6.3 所示。

5.6.4 双侧壁导坑法施工应符合下列规定：

1)侧壁导坑形状宜近于椭圆形断面，导坑断面宽度宜为整个断面宽度的 1/3。

2）侧壁导坑、中槽部位宜采用短台阶法开挖，各部距离应根据隧道埋深、断面大小、结构类型等选取。各部开挖后应及时进行初期支护及临时支护，并尽早封闭成环。

3）两侧壁导坑超前中槽部位 10 ～ 15 m，可独立同步开挖和支护；中槽部位采用台阶法开挖，并保持平行作业。

4）中槽开挖后，拱部钢架与两侧壁钢架的连接是难点，在两侧壁导坑施工中，钢架的位置应准确定位，确保各部架设钢架连接后在同一个垂直面内，避免钢架发生扭曲。

5）根据监控量测信息，初期支护稳定后拆除临时支护，一次拆除长度不得大于 15 m，并加强监控量测。

6）临时支护拆除完成后，应及时施作仰拱及二次衬砌。

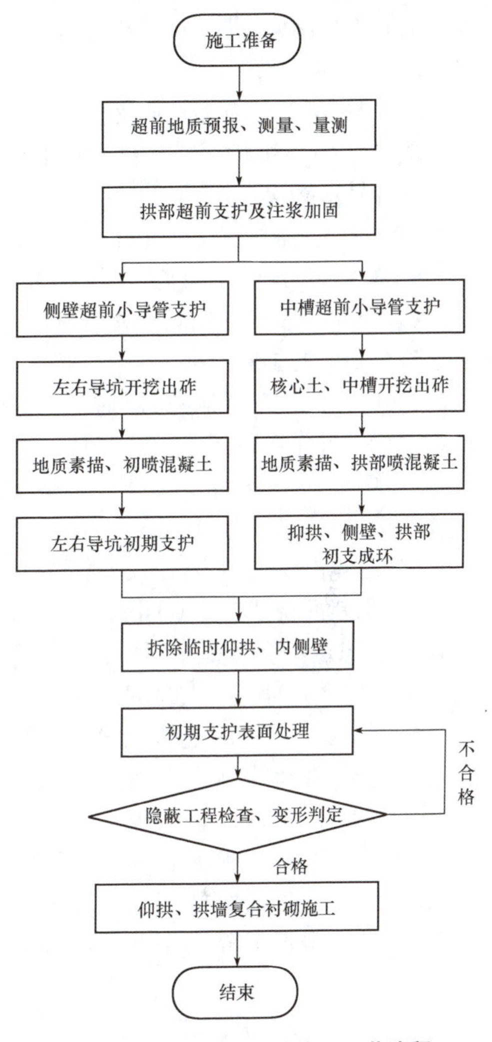

图 5.6.3　双侧壁导坑法施工工艺流程

5.7　中洞法

5.7.1 中洞法适用范围。

1）中洞法施工就是先开挖中间部分（中洞），在中洞内施作梁、柱结构，然后开挖两侧部分（侧洞），并逐渐将侧洞顶部荷载通过中洞初期支护转移到梁、柱结构上的施工方法。

2）中洞法在无水、地层相对较好时应用，适用于城市轨道交通工程中遇到的地

下大空间工程施工。因中洞跨度较大，一般采用 CD 法、CRD 法或眼睛工法等施工。

3）中洞法的特点是初期支护自上而下，每一步封闭成环，环环相扣，二次衬砌自下而上施工，施工质量容易得到保证。

5.7.2 中洞法施工工艺流程如图 5.7.2 所示。

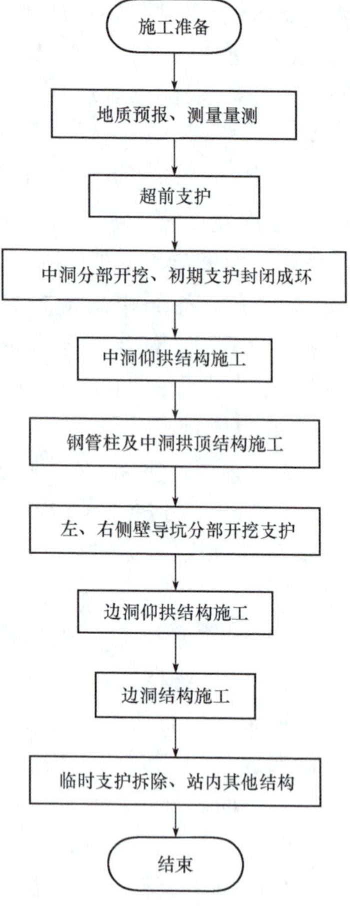

图 5.7.2 中洞法施工工艺流程

5.7.3 中洞法施工应符合下列规定：

1）中导洞形状以近似椭圆形为好，断面的宽度小于整个断面的 1/3。

2）中导洞及中导洞左右两侧土体均要错开一定距离进行平行作业。

3）中导洞开挖后及时进行初期支护及临时支护，并尽早封闭成环。

4）两侧土体采用短台阶法开挖并同步进行。

5）当断面初期支护封闭成环后，监控量测显示初期支护稳定、变形很小时，方可拆除临时支护，及时施作仰拱并进行二次衬砌。

6）临时支护拆除应采用分层分段进行，拆除前必须制定明确的拆除方案，明确拆除顺序、分段拆除长度、倒撑、结构施工时机等，并应先做拆除试验。拆除过程中必须加强监测，如监测结果超标，应及时采取措施，确保安全。拆除分段长度应与结构施工分段相适应，并根据监测结果来确定。

5.8 洞桩法

5.8.1 洞桩法适用范围。

1）洞桩法就是在地面不具备施工基坑围护结构条件时，在地下先行暗挖导洞，在洞内制作挖孔桩，梁柱完成后，再施作顶部结构，然后在其保护下施工，最终形成由外层边桩及顶拱初期支护和内层二次衬砌组合而成的永久承载体系。

2）洞桩法施工适合地面交通难以导改、周边建筑物和管线密集，拆改移代价大、受环境条件限制无法进行明挖施工的地下结构工程。一般在地层较好、无水时使用。

5.8.2 分离岛式暗挖车站二导洞洞桩法施工工艺流程如图 5.8.2 所示。

5.8.3 单柱双跨车站六导洞洞桩法施工工艺流程如图 5.8.3 所示。

5.8.4 洞桩法施工应符合下列规定：

1）洞桩法导洞暗挖及扣拱施工必须严格遵循“管超前，严注浆，短进尺，强支护，快封闭，勤测量”的原则，在采取超前支护措施后进行。

2）导洞施工应避免群洞效应，合理安排施工顺序，相邻导洞施工控制步距一般为 8 ～ 10 m。

3）导洞内桩基（或竖井）根据情况采用挖孔桩或钻孔桩，一般双层导洞的中导洞内桩基采用挖孔桩，在达到无水作业条件下施工。边桩施工应遵循分段跳孔的原则。

4）因暗挖施工空间狭小，车站中柱施工时，必须加强钢管柱安装定位工作，确保安装精度和施工质量。

5）强化主拱在初期支护与二次衬砌形成过程中的监测，防止体系转换时结构过大变形、失稳和破坏，避免出现地面及拱部的过量沉降和坍塌。

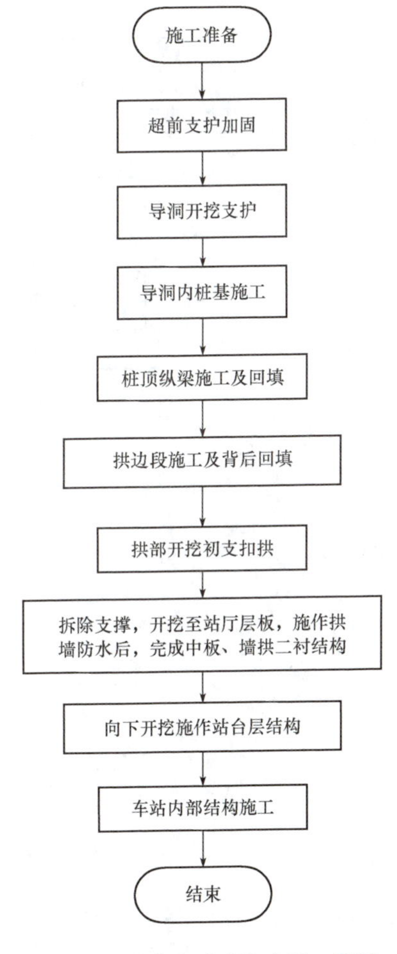

图 5.8.2　分离岛式暗挖车站二导洞洞桩法施工工艺流程

6）在扣拱保护下向下开挖土方采用“竖向分成，纵向分段，逐段封闭”的施工原则。开挖期间应全过程对基坑的围护体系、周围环境、地下结构本身进行监测，及时反馈信息，及时调整开挖方法、开挖速度和开挖方向。

7）重视结构防水质量控制，特别是施工缝处细部防水及混凝土浇筑质量。结构施工缝应设在受剪力较小且便于混凝土施工的部位。施工缝处设双道遇水膨胀嵌缝胶或止水条、预埋回填注浆管等进行防水处理。

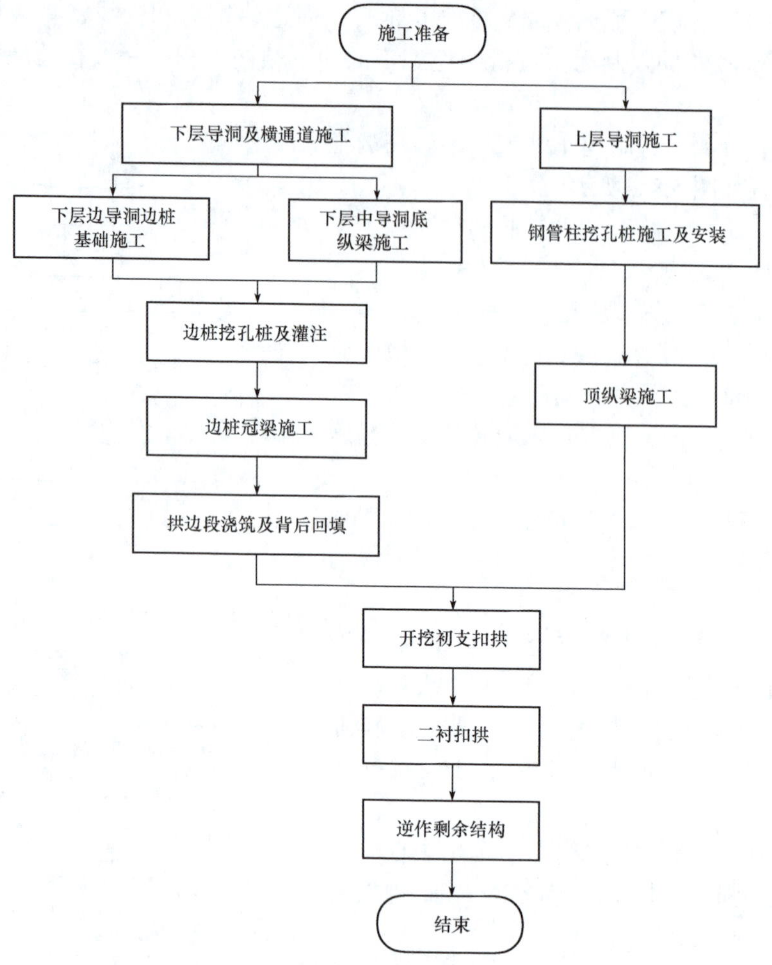

图 5.8.3　单柱双跨车站六导洞洞桩法施工工艺流程

5.9　拱盖法

5.9.1　拱盖法适用范围。

1）拱盖法是在地下工程施工时，拱部采用小导管形式，逐步实现由小导洞到大跨的转换，并在两端以大拱脚的形式坐落在稳定基岩上，大拱脚纵向形成纵梁，在其上完成二衬，形成扣拱，在拱盖的保护下向下，然后施工下部结构的施工方法。

2）拱盖法是在明挖法、盖挖法和洞桩法基础上创建的适用于上软下硬、风化岩石地层的一种暗挖施工方法。该方法的核心思想是充分利用下伏围岩的承载能力和稳定性，在不爆破或弱爆破的条件下，采用洞桩法工法的小导洞形式进行初期支护扣拱施工，同时采用大拱脚方案取代洞桩法工法中的边桩或边柱，将拱部初期支护与二次衬砌结构支撑在两侧稳定基岩上，形成拱盖。在拱盖的保护下，进行地下盖挖逆作或顺作施工。

3）拱盖法要一般应用于围岩等级在Ⅳ级以上、岩体地质条件较好的市内主要干道，不允许采用盖挖法或明挖施工的地铁车站。

5.9.2 拱盖法施工工艺流程如图5.9.2所示。

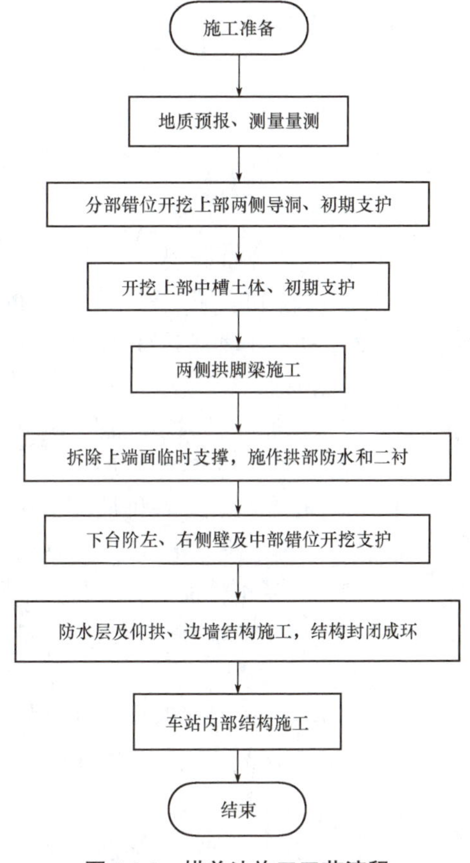

图5.9.2 拱盖法施工工艺流程

5.9.3 拱盖法施工应符合下列规定：

1）拱盖法要严格按照“二十一字”原则（探在先、管超前、严注浆、短开挖、强支护、快封闭、勤量测）进行设计和施工。

2）扣拱前，应对地下水采取降、堵、排结合等妥善措施，做到无水施工；地层超前加固，开挖与支护紧密配合，初支背后回填注浆及时进行，严格控制沉降。

3）加强监控量测，尤其是地面变形控制和洞内拱顶沉降及侧墙收敛观测。通过将监测数据与预测值做比较，判断上一步施工参数和施工过程是否符合或达到预期要求，以便适时调整支护参数，改进施工工艺。

4）中隔壁拆除前完成该段初期背后注浆、拱脚梁施工。

5）二次衬砌扣拱后，拱盖下岩层开挖宜分层、分块进行，采用中部拉槽台阶法施工。采用爆破开挖，必须控制爆破振动和爆破范围，减少对周边环境的影响，降低隧道超欠挖，保持大拱脚下边墙围岩的稳定和已施工结构的安全。

6）多跨结构设有钢管柱时，对钢管柱的双向稳定问题需要格外重视，并采取措施确保稳定。

7）强化接缝防水，特别是逆作施工缝防水等细部防水处理，确保防水施工质量。

6 辅助施工措施

6.1 一般规定

6.1.1 隧道穿越断层破碎带、软弱围岩段或富水、浅埋等地段时，应根据围岩情况、施工方法和机械配置，选择辅助施工方法与措施的一种或数种。

6.1.2 地表处理有下列方法（适用于洞口段、浅埋隧道）：

1）井点降水。

2）注浆预加固（渗透注浆）。

3）锚杆（桩）和钢管桩加固。

4）高压旋喷桩和搅拌桩加固。

6.1.3 洞内处理有下列方法与措施（适用于洞口段、浅埋隧道、深埋隧道）：

1）稳定开挖工作面的方法与措施：

（1）超前预支护（超前锚杆、超前小导管、超前管棚）；

（2）临时仰拱；

（3）扩大拱脚及锁脚锚杆（管）；

（4）喷射混凝土封闭开挖工作面；

（5）正面锚杆（管）。

2）地下水处理及围岩加固的方法与措施：

（1）洞内井点降水；

（2）开挖工作面预注浆（全断面封闭注浆、周边半封闭注浆、径向注浆、超前注浆、局部注浆等）；

（3）高压旋喷桩；

（4）冻结法；

（5）钻孔排水等。

6.2 井点降水

6.2.1 井点降水适用于地下水位较高的粉砂土、砂质粉土或淤泥质夹薄层砂性土等地层。

6.2.2 井点降水应按照场地条件、周围地层的水文地质条件、降水深度及设备条件等进行专项设计。

6.2.3 井点降水必须加强监测并有相应的保护措施，防止地表沉降超限，确保周围建筑物的安全。

6.2.4 井点降水应使地下水位保持在仰拱以下 1.0 m。停止降水时，必须验算涌水量和隧道明洞结构的抗浮稳定性，当不能满足要求时，不得停泵。

6.2.5 各类井点降水适用范围参见表 6.2.5。

表 6.2.5 各类井点降水适用范围

井点类别	适合地层	土的渗透系数 /（m · d^{-1}）	降低水位深度 /m
单层轻型井点	粉砂、粉土	0.1 ~ 50	3 ~ 6
多层轻型井点		0.1 ~ 50	6 ~ 12（由井点层数而定）
电渗井点	黏性土（含水量大，普通降水方法不适用的地层）	<0.1	根据选用的井点确定
管井井点	砂土、碎石土	20 ~ 200	3 ~ 5
喷射井点	粉质黏土、粉砂	0.1 ~ 50	8 ~ 30
深井井点	砂土、碎石土	10 ~ 250	>15

6.2.6 当隧道地表条件不适合布置井点时，可在隧道内设置管井井点降水。

6.2.7 降水过程中，应加强井点降水系统的维护和检查，保证不断抽水。拆除多层井点应自底层开始逐层向上进行，在下层井点拆除期间，上部各层井点应继续抽水。

6.2.8 井点降水施工应符合下列规定：

1）水位随降水下降，停止降水后，水位上升较慢或不上升，则止水帷幕效果较好，这种情况可分段降水，随时观测地表沉降情况。

2）当地表沉降不超过规定限值 30 mm 时，可继续降水，直至设计要求；如果出现地表沉降陡然增大，应立即停止降水，或在回灌孔用水进行回灌，以阻止沉降的继续增加，并进行连续地表沉降观测。

3）根据掌子面探水孔观察涌水情况，如不需降水，则停止降水，如水压、水量较大，必须降水，则应增加回灌孔，采用降水与回灌相结合的方法，减少地层沉降，使降水井点的影响范围不超过回灌井点的范围，形成一道止水幕，保证隧道正常掘进。

4）回灌采用清水，可用经过滤后的抽出的降水。

5）降水水位恢复或上升较快，或掌子面探水孔涌水压力、流量较大，则说明止水帷幕效果较差，未将帷幕内外水力系统完全隔断，需重新设计其他技术方案。

6.3 地表注浆加固

6.3.1 地表注浆加固适用范围。

1）当隧道处于埋深浅、地面坡度较平缓、岩层松散破碎、岩溶地区、地下水位较高等情况下，宜采用地表注浆预加固和堵水的方法。

2）从经济角度考虑，采用地面注浆时，隧道埋深一般不超过 20 m。

6.3.2 地表注浆参数应通过试验选取。

6.3.3 地表注浆顺序宜采用先外侧、后内侧，先洞口侧、后洞内侧，地下水有流动时先下游、后上游。应严格控制内圈注浆时浆液的扩散流失，保证充分固结注浆圈范围内的破碎岩体。当地层松软破碎时，宜采用跳孔注浆方式。

6.3.4 地表注浆宜采用单向袖阀式注浆工法施工。袖阀管管材、袖阀管注浆器分别如图 6.3.4-1、图 6.3.4-2 所示。

图 6.3.4-1　袖阀管管材

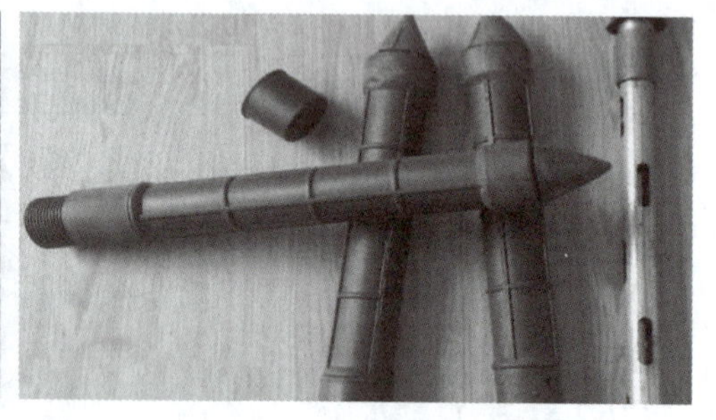

图 6.3.4-2　袖阀管注浆器

6.3.5 地表注浆后应对其效果进行判断和检测，按注浆目的不同，采用不同的检测方法。常用的有下列检测方法：

1）根据地下水位的变化判断注浆效果。

2）根据抽水试验判断注浆效果。

3）在注浆前后用钻孔透视仪测定岩层裂隙和溶洞充填程度。

4）钻孔检测：可取芯检测或用钻孔摄影仪（电视）拍摄孔壁图像进行检测。

5）声波测试。

6.3.6 高压旋喷注浆及拌合桩加固的检测方法有开挖检查、钻孔检查、荷载试验等。

6.4 超前小导管

6.4.1 超前小导管适用于自稳时间短的软弱破碎带、浅埋段、洞口偏压段、砂层段、砂卵石段、断层破碎带等地段的预支护。

6.4.2 小导管注浆工艺流程如图 6.4.2 所示。

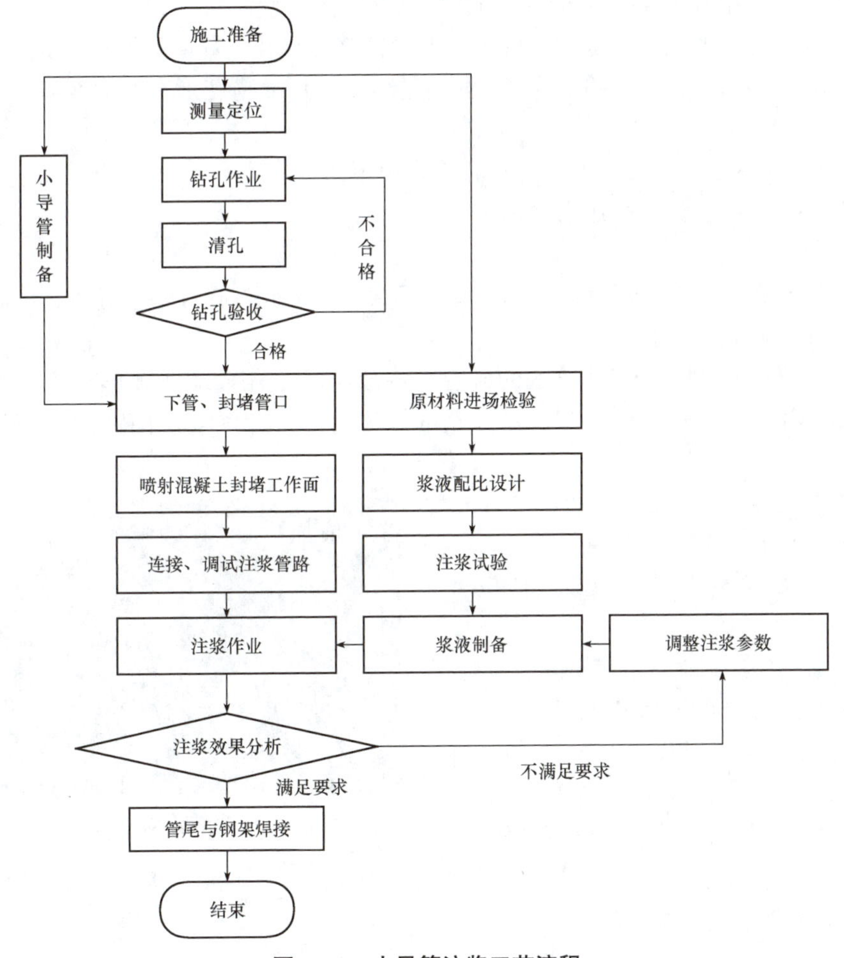

图 6.4.2 小导管注浆工艺流程

6.4.3 超前小导管施工应符合下列规定：

1）沿隧道拱部均匀布设。隧道超前小导管布置实景如图 6.4.3 所示。

图 6.4.3 隧道超前小导管布置实景

2）间距应根据开挖工作面前方的地质条件和自稳能力确定，一般间距为 300 ～ 500 mm。

3）外插角（与隧道纵轴线的夹角）取值应考虑小导管的长度和钢架的间距，一般外插角为 10° ～ 15° 。

4）小导管长度一般为 3.5 ～ 5.0 m，小导管之间的搭接长度不得小于 1.0 m。

5）小导管应同钢架配合使用。

6.4.4 小导管的制作应符合下列规定：

1）一般采用直径 38 ～ 50 mm 的无缝钢管制作。

2）在小导管的前端做成约 10 cm 长的圆锥状，在尾端焊接直径 6 ～ 8 mm 钢筋箍。距后端 100 cm 内不开孔，剩余部分按 20 ～ 30 cm 梅花形布设直径 6 mm 的溢浆孔。

6.4.5 小导管的钻孔、安设应符合下列规定：

1）小导管的安设应采用引孔顶入法。

2）钻孔方向应顺直。

3）钻孔直径应与注浆管径配套，一般不大于 50 mm，孔深视小导管长度确定。

4）采用吹管法清孔。

5）在孔口端用沾有 CS 胶泥的麻丝缠绕成不小于孔径的纺锤形柱塞，把小导管插入孔内，戴好丝扣保护帽，用风钻或风镐打入设计深度，使麻丝柱塞与孔壁压紧。

6）小导管外露长度一般为 30 cm，以便连接孔口阀门和管路。

7）小导管钻孔施工实景如图 6.4.5 所示。

图 6.4.5 小导管钻孔施工实景

6.4.6 第一循环小导管安设后应对开挖工作面进行喷射混凝土封闭，厚度为 10 ～ 15 cm。封闭范围为开挖工作面及临近开挖工作面 3 m 范围的环向开挖面。

6.4.7 小导管注浆应符合下列规定：

1）小导管安装完成后，应进行压水试验，压力一般不大于 1.0 MPa，并根据设计和试验结果确定注浆参数。

2）注浆材料可按表 6.4.7 参照选用。

表 6.4.7 注浆材料的选择

地质条件	细砂	中粗砂	砂砾夹卵石层	砂黏土
空隙率 / %	30 ～ 50	30 ～ 50	40 ～ 50	30 ～ 60
有效注浆率 / %	0.3 ～ 0.5	0.3 ～ 0.5	0.5 ～ 0.7	0.3 ～ 0.5
注浆材料	改性水玻璃	CS 浆液	水泥浆	水玻璃

3）水泥浆液应采用拌合桶配制，配制水泥浆或稀释水玻璃浆液时，应防止杂物混入，拌制好的浆液必须过滤后使用。

4）注浆应采用专用注浆泵注浆，为加速注浆，可安装分浆器同时多管注浆。

5）配制好的浆液应在规定时间内注完，随配随用。

6)注浆顺序为由下至上，浆液先稀后浓，注浆量先大后小，注浆压力由小到大。

7）当发生串浆时，应采用分浆器多孔注浆或堵塞串浆孔隔孔注浆。当注浆压力突然升高时应停机查明原因；当水泥浆进浆量很大、压力不变时，则应调整浆液浓度及配合比，缩短凝胶时间，采用小流量低压力注浆或间歇式注浆。

8）注浆压力应符合设计要求，浆液必须充满钢管及其周围的空隙。

9）当压力达到设计注浆终压并稳定 10 ～ 15 min，注浆量达到设计注浆量的 80 %以上时，可结束该孔注浆。

10）注浆完成后要检验注浆效果。隧道开挖后可检查注浆固结体厚度，如达不到设计要求，在注浆时调整注浆参数，改善注浆工艺。

11）注浆过程中，专人记录注浆情况，并根据实际情况调整注浆压力、进度，保证注浆效果。

12）小导管注浆施工实景如图 6.4.7 所示。

图 6.4.7 小导管注浆施工实景

6.4.8 当采用单液水泥浆时，开挖时间为注浆后 8 h，采用水泥－水玻璃浆液时为 4 h。

6.4.9 开挖过程中，应检查浆液渗透及固结状况，并根据压力－流量曲线分析判断注浆效果，及时调整预注浆方案。

6.4.10 注浆施工流程：

1）打孔布管：小导管在打管前，按照设计要求放出小导管的位置，风钻作为动力，用专用顶头将小导管顶入。小导管尾部置于钢架腹部，增加共同支护能力。小导管安装后用塑胶泥封堵导管外边的孔口。

2）封面：注浆前，喷射 5 ～ 10 cm 厚混凝土封闭工作面，以防止漏浆。

3）注浆：用注浆机进行注浆，采用注浆量和注浆压力双控原则进行注浆时间的控制。

6.5 超前锚杆

6.5.1 超前锚杆是沿开挖轮廓线，以一定的外插角打入开挖工作面，形成对前方围岩的预支护。它主要适用于围岩应力较小，地下水较少、岩体软弱较破碎，开挖面有可能坍塌的隧道中，应和钢架配合使用。超前锚杆施工工艺流程如图 6.5.1 所示。

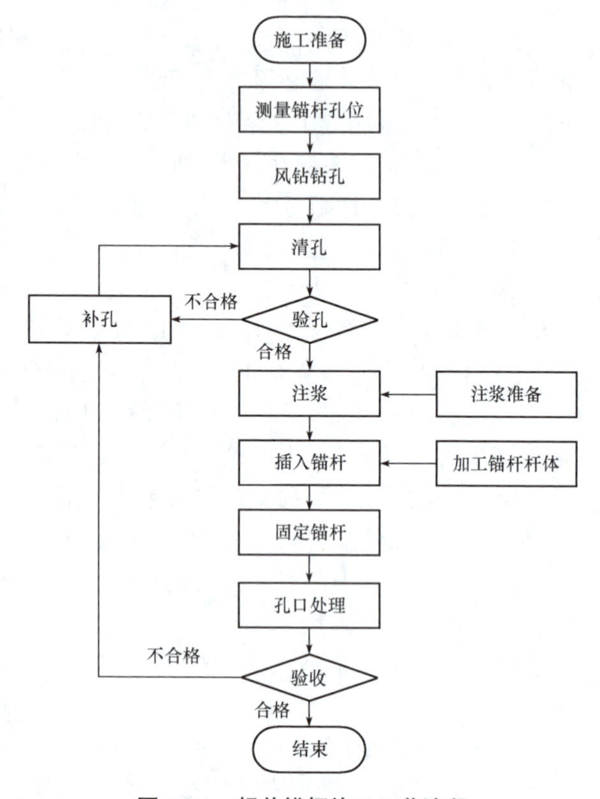

图 6.5.1 超前锚杆施工工艺流程

6.5.2 超前锚杆施工应符合下列规定：

1）超前锚杆一般采用砂浆锚杆，锚杆体用螺纹钢筋加工，将钢筋头部加工成扁铲形或尖锥形。

2）钻孔：用凿岩机或凿岩台车引孔，钻孔时应控制用水量，以防塌孔。钻孔应保证设计的位置和锚杆外插角。

3）注浆：可利用注浆泵往孔内注入早强水泥砂浆。注浆时，以水引路，将拌合好的砂浆装入注浆器并充满管路，并将注浆管插入管口离孔底 10 cm。开进风阀门，用高压空气将水泥砂浆压入孔眼，注浆管逐渐被砂浆向外推挤，注到孔深的 2/3 以上时停止注浆。

4）插入锚杆，孔内多余的砂浆被挤出孔口，将锚杆端头与钢架焊接牢固。

6.5.3 超前支护施工风险控制措施：

1）对于围岩自稳时间小于初期支护完成时间的地段，应根据地质条件、开挖方式、进度要求、使用机械情况，对围岩采取锚杆或小导管超前支护、小导管周边注浆等安全技术措施。当围岩整体稳定难以控制或上部有特殊要求时，可采用大管棚支护。

2）采用超前锚杆支护时，一般宜采用钻孔注浆锚杆支护，其孔位布设、长度、夹角、材料规格、锚杆预加拉力等参数应符合设计要求。

3）当采用导管超前支护时，导管既作为注浆导管，又起超前锚杆作用。导管规格、间距、长度、外插角及注浆要求应符合设计规定；导管施工前应将工作面封闭严密、牢固、清理干净，并测设钻孔位置后方可施工。

4）当采用管棚超前支护时，一般用钻机成孔或将管棚随钻进直接打入地层；管棚施工前应封闭工作面，并测定孔位；管棚管钢规格、管棚孔位、间距、钻孔深度、角度及注浆材料需符合设计要求。

5）施工期间，尤其在注浆时，应注意对支护的工作状态进行检查；当发现支护变形或损坏时，应立即停止注浆，并采取措施；注浆结束 4 h 后，方可进行掌子面的开挖。

6）浆液配置或存放过程中应设专人管理，对有腐蚀性的配剂应严格按照操作规程适配；注浆前应对注浆管路、压力表、注浆设备等进行认真检查；注浆时应按设计压力分级逐步升压，根据注浆量、注浆压力进行双控以确定结束注浆时间。

7）注浆过程中，严格控制注浆压力，保证浆液的渗透范围，防止出现结构变形、串浆，危及地下、地面建筑物的异常现象。

8）钻孔作业中，不能靠近钻杆和机械传动部分；钻孔中遇到障碍，需停止钻进作业，待采取措施并确认安全后，方可继续钻进。钻孔中发生大量突泥涌水时，应集中全力及时注浆封堵。加强统一指挥，在钻注作业中发生异常情况时，要及时处理，确保安全。

6.6 超前管棚

6.6.1 在松散破碎的软弱围岩、浅埋地段或隧道围岩变形大时可采用管棚超前支护。

6.6.2 管棚超前支护参数的选择应满足下列要求：

1）管棚应采用热轧无缝钢管制作，必要时钢管内安装钢筋笼。管棚材料如图 6.6.2 所示。

图 6.6.2 管棚材料

2）钢管直径应符合设计要求，一般为直径 70 ～ 180 mm，钢管中心间距宜为管径的 2 ～ 3 倍。

3）管棚长度应根据地层情况选用，一般为 10 ～ 40 m。

4）管棚外插角一般为 0° ～ 3° （不包括路线纵坡）。

5）管棚的终端位置应达到防护对象的长度加上因开挖而造成的开挖工作面松弛范围的长度。纵向两组管棚的搭接长度应符合设计要求并应大于 3 m。

6.6.3 管棚钻机的选择应满足下列要求：

1）应具备可钻深孔的大扭矩，又要有能破碎地层中坚硬孤石的高冲击力。

2）应能准确定位，可多方位钻孔，深孔钻进精确度高。

3）轻便，移动灵活方便。

6.6.4 管棚钻孔、安设施工应符合下列规定：

1）当钻进地层易于成孔时，一般采用先钻孔、后插管（引孔顶入法）的方法。即钻孔完成经检查合格后，将管棚连续接长，由钻机旋转顶进将其装入孔内。

2）当地质状况复杂，遇有砂卵石、岩堆、漂石或破碎带不易成孔时，可采用跟管钻进工艺，即将套管及钻杆同时钻入，成孔后取出内钻杆，顶进棚管，拔出外套管。

3）在循环管棚施工前，应开挖管棚工作室，工作室大小根据钻机要求确定。管棚施工前，在长管棚设计位置安放至少 3 榀用工字钢组拼的管棚导向拱架，导向拱架内设置孔口管作为长管棚的导向管，要求在钻机作业过程中导向拱架不变形、不移位。

4）洞口管棚一般采用套拱定位，套拱部位开挖应视现场地质条件及配套设备确定，要做到套拱底脚坚实、孔口管位置准确。洞口管棚钻孔施工如图 6.6.4-1 所示。

图 6.6.4-1 洞口管棚钻孔施工

5）管棚节间用丝扣连接。管棚单序孔第一节长度为 6（9）m，双序孔第一节长度为 3（4.5）m，其余管节长度均为 6（9）m。

6）管棚安装后，管口用麻丝和锚固剂封堵钢管与孔壁间空隙，连接压浆管及三通接头。

7）管棚注浆前，应向开挖工作面、拱圈及孔口管周围岩面喷射 10 cm 厚的 C25 混凝土，以防钢管注浆时岩面缝隙跑浆。

8）注浆后及时扫排管内胶凝浆液，用水泥砂浆充填密实；对于非压浆孔，直接充填即可。管棚注浆施工如图 6.6.4-2 所示。

6.6.5 管棚引孔顶入法施工工艺流程如图 6.6.5 所示。

图 6.6.4-2 管棚注浆施工

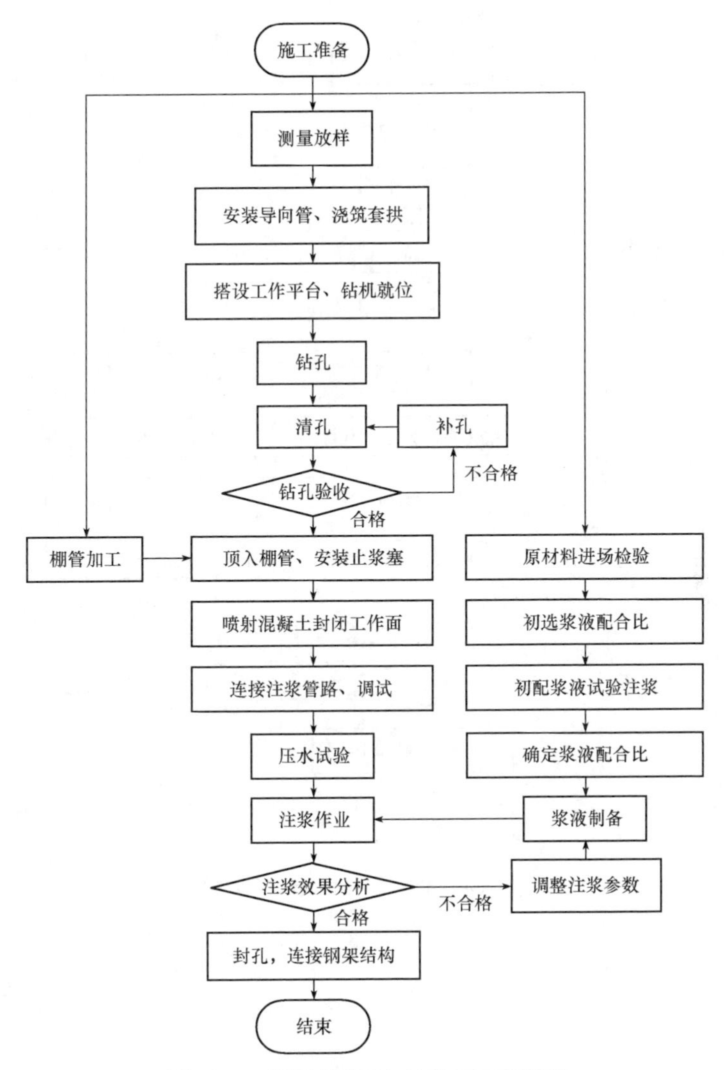

图 6.6.5 管棚引孔顶入法施工工艺流程

6.6.6 管棚跟管钻进工艺流程如图 6.6.6 所示。

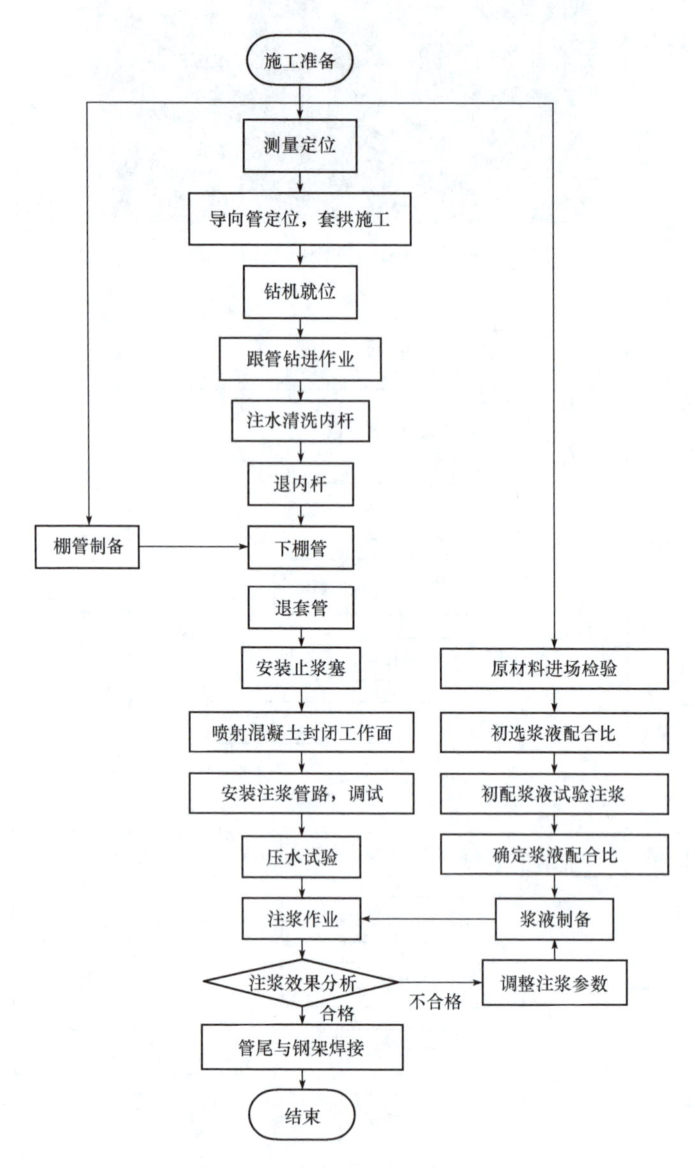

图 6.6.6 管棚跟管钻进工艺流程

6.7 预注浆

6.7.1 预注浆适用范围。

1）洞内预注浆加固可采用洞内沿周边超前预注浆、先开挖导洞然后在导洞后对隧道周边进行径向注浆两种方式，即超前预注浆、径向注浆。

2）注浆施工，在砂卵石地层中，宜采用渗入注浆法；在砂层中，宜采用劈裂注浆法；在黏土层中，宜采用劈裂或电动硅化注浆法；在淤泥质软土层中，宜采用高压喷射注浆法。

6.7.2 径向注浆施工工艺流程如图 6.7.2 所示。

6.7.3 预注浆施工工艺流程如图 6.7.3 所示。

6.7.4 注浆方式的选择应满足下列要求：

1）目前常用的注浆方式主要有全断面封闭预注浆、周边半封闭预注浆、小导管注浆、局部预注浆、地表注浆等，施工时应根据注浆的目的和工程地质条件等因素综合考虑。

2）当隧道埋深在 20 m 以内时，可采用地表注浆加固围岩；当隧道埋深超过 20 m 时，则应采用开挖工作面预注浆。

3）对于排水受限制的山岭隧道，遇岩石裂缝或断层破碎带时，可采用以全断面注浆为主、局部注浆法为辅的注浆方式。

4）围岩破碎、裂隙发育，可采用周边半封闭预注浆为主，辅以小导管注浆进行堵水和加固。

5）断面较小的单线隧道，岩层松散和断层破碎带，可用小导管注浆加固围岩。

6）裂隙集中涌水，可采用小导管局部注浆堵水。

6.7.5 根据设计和围岩情况可采用全孔一次性注浆、分段前进式注浆、分段后退式注浆三种方式。其适用条件和施工方法如下：

1）对孔深小于 6 m 或地层裂隙较均匀的地层，可采取全孔一次性注浆，直接将注浆管路接在孔口管上，或在孔口处设止浆塞，利用孔口管进行全孔注浆施工。其施工方法如图 6.7.5-1 所示。

2）如果钻孔较深，为了适应软弱破碎围岩和裂隙不均匀地层，保证注浆质量，需要将全孔分为若干段进行注浆。根据钻孔和注浆顺序不同，汽浆又可分为分段前进式注浆和分段后退式注浆两种。

（1）在裂隙发育或破碎难以成孔的岩层，可采用分段前进式注浆，即自孔口开始，钻进一段，注浆一段，直至孔底最后一段注完，每次钻孔注浆分段长度根据围岩情况定为 3 ～ 5 m。分段前进式注浆采用止浆塞或孔口管法兰盘进行止浆。其施工方法如图 6.7.5-2 所示。

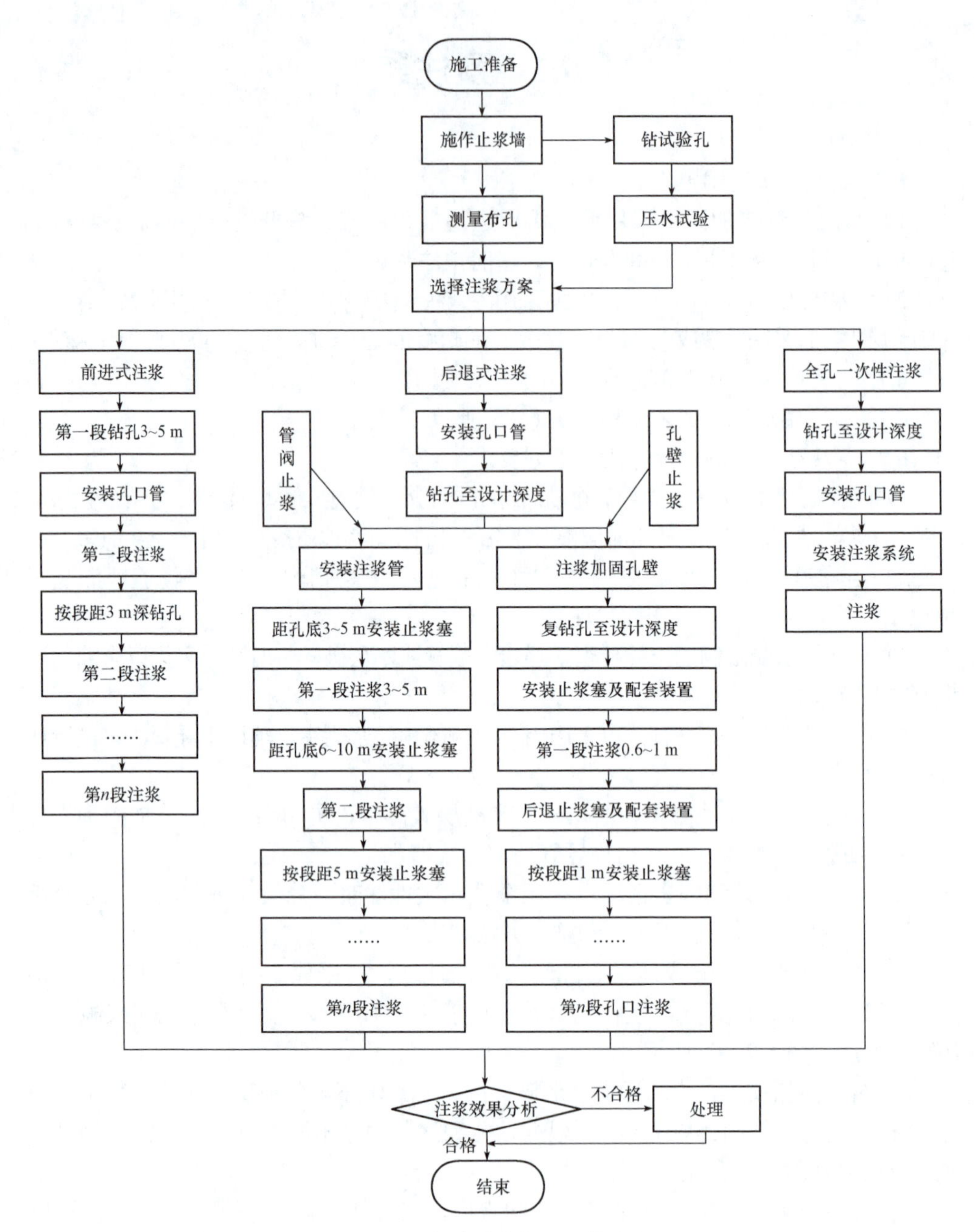

图 6.7.2　径向注浆施工工艺流程

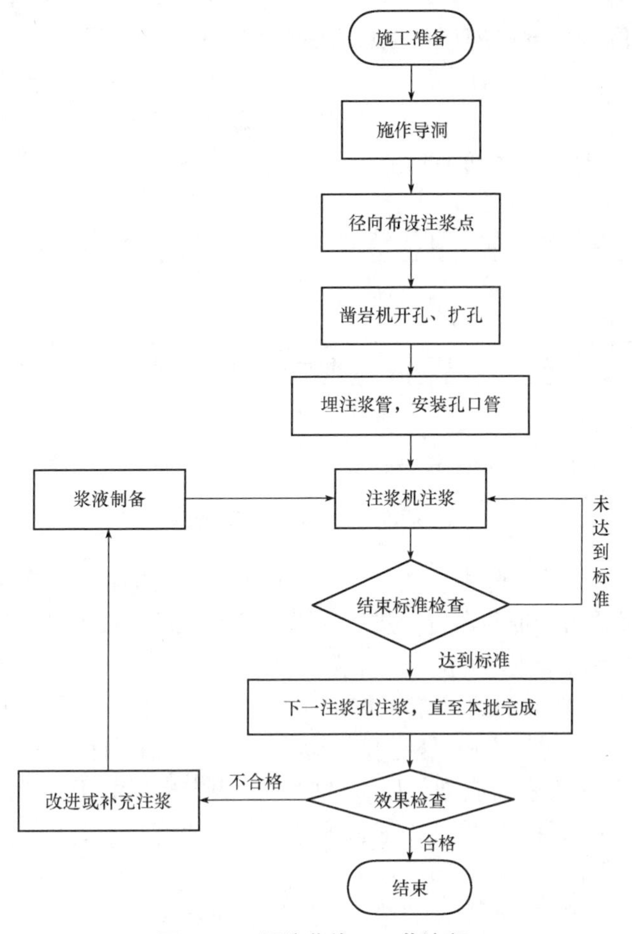

图 6.7.3 预注浆施工工艺流程

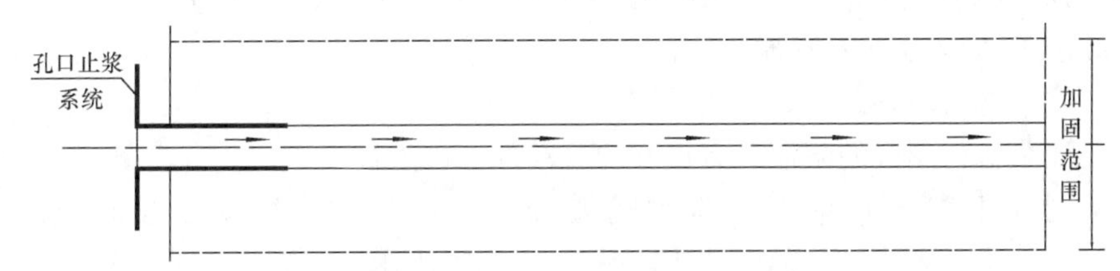

图 6.7.5-1 全孔一次性注浆

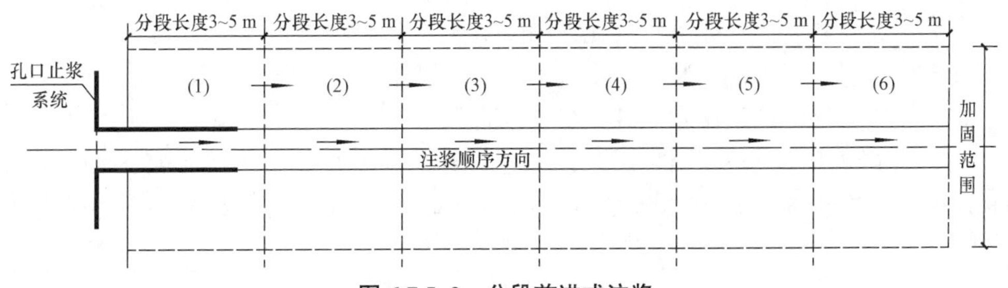

图 6.7.5-2 分段前进式注浆

（2）对于围岩局部破碎但可以成孔的岩层，可采用分段后退式注浆，即一次性钻至全孔深，而后在孔内设置止浆塞，从孔底开始，对一个注浆分段进行注浆，第一分段注浆完成后，后退一个分段长度进行第二分段注浆，如此往复，直到将整个注浆段完成，注浆分段长度宜取 0.6 ～ 1.0 m。其施工方法如图 6.7.5-3 所示。

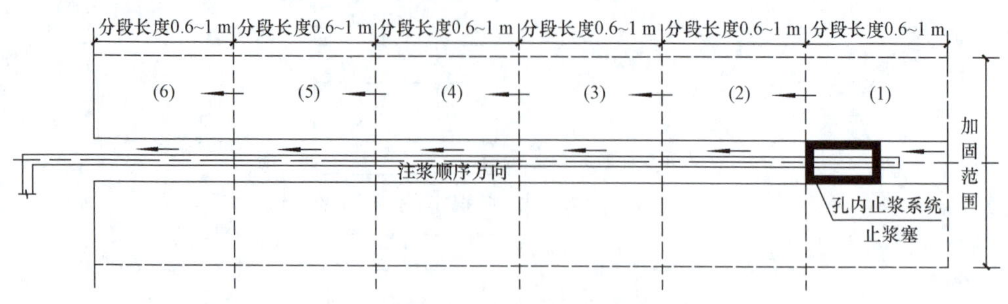

图 6.7.5-3　分段后退式注浆

6.7.6　注浆施工前，除根据注浆工艺要求配备应有的机具设备外，还应视工作条件，做好注浆站的选址与布置，进行试泵与注水试验，安装注浆管路和止浆塞、止浆岩盘，然后制浆压注，并应满足下列要求：

1）注浆工作站的布置：注浆工作站应尽量靠近工作面，泵站布置不仅要考虑紧凑、操作方便，还应加强通风防尘。若场地狭窄，应采用移动式的注浆工作站。

2）压水试验：注浆前应进行压水试验，以测定岩层的吸水性，核实岩层的渗透性，为注浆时选取泵量、泵压及浆液配方等提供参考依据，同时冲洗钻孔，检查止浆塞效果和注浆管路是否有跑漏水现象。

6.7.7　注浆材料及浆液配比的选择应满足下列要求：

1）注浆材料及浆液配比应根据工程地质、水文地质、注浆目的、注浆工艺、设备和成本等因素选择和调整。

2）注浆材料应来源广、价格适宜。

3）注浆材料形成的浆液具有良好的流动性、可灌性。

4）注浆材料凝胶时间可根据需要调节，固化时收缩小，浆液与围岩、混凝土、砂土等粘结力强，固结体具有高强度和良好的抗渗性、稳定性、耐久性。

5）注浆材料和固结体无毒、无污染，对人体无害。

6）注浆材料要求的注浆工艺及设备简单，操作安全方便。

7）一般情况下应采用水泥基浆材，不宜采用化学浆材。

8）在淤泥质、粉质黏性土、全风化、中强风化及断层破碎带富水和动水条件下，宜采用普通水泥－水玻璃双液浆，在砂层中宜采用超细水泥－水玻璃双液浆。

9）注浆前应检查注浆材料数量能否满足连续注浆要求，如不能保证连续注浆要求，则要等补足数量或有运输保障供应的情况下才能注浆。

6.7.8 注浆设备的选择应满足下列要求：

1）钻孔机可选用回转式、冲击式钻孔机及凿岩机等，注浆孔径一般为 70 ～ 130 mm，钻孔机具应满足注浆段长的要求。

2）在注水泥浆时，宜采用单液注浆泵或泥浆泵；注砂浆时则采用专用砂浆泵；在注双液浆时应采用双液注浆泵。注浆泵的最大压力应达到设计压力的 1.5 ～ 2.0 倍。

3）注浆管应根据设计要求选用相应规格的钢管加工或选用袖阀管、TSS 管。

6.7.9 钻孔作业应符合下列规定：

1）钻孔顺序宜先钻内圈孔后外圈孔，先无水孔后有水孔。

2）钻孔机安装应平整稳固，保证钻杆中心线与设计注浆孔中心线相吻合，在钻孔过程中要经常检查校正钻杆方向。注浆孔的孔底偏差应不大于孔深的 1/40，检查孔的孔底偏差应不大于孔深的 1/80，其他钻孔的孔底偏差应小于 1/60 孔深或符合设计规定。

3）钻孔 2 m 后应安装孔口管或注浆管，测量水压力及涌水量，并按表格填写记录，主要内容有孔号、进尺、起始时间、岩石裂隙发育情况、出现涌水位置、涌水量和涌水压力等。

4）在涌水量大、压力高的地段钻孔时，应先设置带闸阀的孔口管，当出现大量涌水时，拔出钻具，关闭孔口管上的闸阀，再进行注浆；当开挖工作面围岩破碎时，应先设置止浆墙和孔口管，孔口管埋入止浆墙深度随最大注浆压力而定，孔口管宜为直径不小于 90 mm 无缝钢管。

6.7.10 注浆作业应符合下列规定：

1）注浆施工前应对不同水灰比、掺加不同掺合料和不同外加剂的浆液进行试验，选择适合的浆液和配比，按照配比准确计量，严格按顺序加料，拌合后的浆液必须经筛网过滤后方可倒入注浆机。

2）止浆墙施作位置及结构形式要根据现场情况和堵水方式来确定，止浆墙厚度一般宜为 3 ～ 8 m，施工时根据需要选取；止浆墙位置的隧道断面应适当扩大 50 ～ 100 cm，必要时可安装少量的径向锚杆，确保止浆墙的稳定；止浆墙施工时，可在周边及拱部预埋注浆管，正式注浆开始时，首先进行注浆填充空隙；待止浆墙混凝土强度达到设计强度的 75 %以上后方可开始钻孔注浆施工。

3）分段注浆时，应设置止浆塞，止浆塞可采用气囊、水囊或橡胶止浆塞，并能承受注浆终压，也可采用孔口止浆方式。

4）注浆过程中应根据浆液扩散情况、注浆量、注浆压力等参数调整注浆材料

和配比。

5）注浆过程中应做好施工记录，包括孔位、孔径、孔深、浆液配比、注浆压力、注浆量、跑浆、串浆等。

6.7.11 注浆结束的标准应满足下列要求：

1）单孔结束标准：注浆压力逐步升高至设计终压，则继续注浆 10 min 以上，进浆量小于初始进浆量的 1/4，检查孔涌水量小于 0.2 L/min。

2）全段注浆结束标准：所有注浆孔均符合单孔结束条件，注浆后隧道预测涌水量小于 1 m^3/dm。

6.7.12 注浆结束后，经检查确认浆液固结体达到设计规定的强度后才进行隧道开挖。

6.7.13 当注浆施工中出现异常情况时，应采取下列方法进行处理：

1）钻孔过程中遇见突泥、突水情况，立即停钻，进行注浆处理。

2）在开挖工作面有小裂隙漏浆，先用水泥浸泡过的麻丝填塞裂隙，并调整浆液配比，缩短凝胶时间。若仍跑浆，则在漏浆处用风钻钻浅孔注浆固结。

3）若注浆压力突然升高，则只注纯水泥浆或清水，待泵压恢复正常时，再进行双液注浆。若压力不恢复正常，则停止注浆，检查管路是否堵塞。

4）当进浆量很大，注浆压力长时间不升高时，应调整浆液浓度及配合比，缩短凝胶时间，进行小泵量、低压力注浆，使浆液在岩层裂隙中有相对停留时间，便于凝胶；有时也可以进行间歇式注浆，但停留时间不能超过浆液凝胶时间。

5）注浆发生堵管时，先打开孔口泄压阀，再关闭孔口进浆阀，然后停机，查找原因，迅速进行处理。

6）注浆结束时，应先打开泄压管阀门，再关闭进浆管阀门并用清水将注浆管冲洗干净后方可停机。

6.8 基底处理

6.8.1 隧道基底处理一般可采用旋喷桩、树根桩、灰土挤密桩、注浆加固等方法。

6.8.2 旋喷桩适用于砂类土、黏性土、黄土和淤泥等隧道基底加固。

6.8.3 树根桩适用于淤泥、淤泥质土、黄土、黏性土、粉土、砂土、碎石土及人工填土等隧道基底加固。

6.8.4 灰土挤密桩适用于处理地下水位以上的湿陷性黄土、素填土和杂填土等

隧道基底加固，处理深度一般为 5 ～ 15 m。

6.8.5 袖阀管注浆适合在软黏性土地层中劈裂注浆，是加固隧道底基础极为有效的方法，其通过上下两个阻塞器，能将浆液限定在注浆区段的任一层范围内进行注浆以达到分层注浆效果。袖阀管注浆应满足下列要求：

1）袖阀管注浆施工工艺流程如图 6.8.5 所示。

2）钻孔作业应符合下列要求：

（1）钻孔过程中应采用套管跟进、泥浆循环护壁成孔，成孔后须立即清孔。

（2）在钻孔过程中应做好详细的钻孔记录，对钻孔进行地质描述，从而有利于下一步的注浆作业施工。

（3）按设计要求完成钻孔，安设好袖阀注浆管后，将套管拔出。

3）袖阀注浆管的安设应符合下列要求：

（1）在不注浆部位下 A 型袖阀注浆管，在注浆部位下 B 型袖阀注浆管，底部加下闷盖。

（2）B 管为有孔管，并覆盖橡胶套。下管前必须在最下端一根 B 管上加下闷盖，然后利用丝扣连接下一根 B 管，直到连至注浆段长度。之后，开始连接 A 管，A 管连接至钻孔深度，并要求露出地面 10 cm。

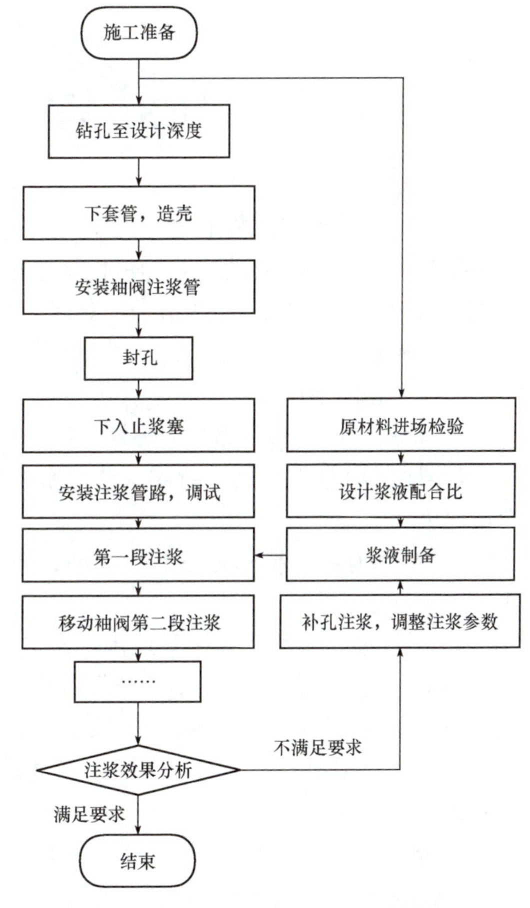

图 6.8.5　袖阀管注浆施工工艺流程

（3）由于钻孔较深，下管时可将连接好的袖阀注浆管分为 3 段，依次下入孔中，上段即将下完时，再在孔口连接下一段袖阀注浆管，直至完成袖阀注浆管的下管作业。

（4）将袖阀注浆管沿套管内壁下到钻孔底部后，在顶部加上闷盖，然后拔出套管进行封孔作业。在孔底至距地面 3 m 段采用粗砂或砾石密实填充，在地表以下 3 m 至孔口部位采用速凝水泥砂浆填充封孔，以防止注浆时返浆。

（5）下管过程中应尽量使袖阀注浆管保持竖直。

4）注浆方式一般采取分段后退式注浆工艺，即利用止浆系统，在注浆带内由孔底进行注浆，每次注浆段长 0.6 ～ 1 m。注完第一注浆段后，将注浆芯管和止浆系统采用管箍上提至第二注浆段，进行第二注浆段的注浆，以此下去，直至完成注浆带。

6.9 超前地质预报

6.9.1 隧道施工超前地质预报应以地质分析法为基础，针对不同地段地质情况和预报目的，进行必要的技术经济比选，选择有针对性、适用性强的方法和设备，采用一种或几种方法的合理组合，达到预报基本准确、费用低、占用时间少的目标。对重大物探异常地段应采用钻探验证。

6.9.2 超前地质预报应包括（但不限于）以下内容：

1）地层岩性，重点为软弱夹层、破碎地层、煤层及特殊岩土等。

2）地质构造，重点为断层、节理密集带、褶皱轴等影响岩体完整性的构造发育情况。

3）不良地质，特别是溶洞、暗河、人为坑洞、放射性、有害气体、高地应力等发育情况。

4）地下水，特别是岩溶管道水、富水断层、富水褶皱轴及富水地层。

6.9.3 超前地质预报应实行分级管理，根据地质灾害对隧道施工安全的危害程度，对工程进行地质灾害分级，采取不同的地质预报方案。

6.9.4 根据地质灾害对隧道施工安全的危害程度，地质灾害分为以下四级，其影响因素见表 6.9.4。

A 级：存在重大地质灾害隐患的地段，如大型暗河系统，可溶岩与非可溶岩接触带，软弱、破碎、富水、导水性良好的地层和大型断层破碎带，特殊地质地段，重大物探异常地段，可能产生大型、特大型突水突泥地段，诱发重大环境地质灾害的地段，高地应力、瓦斯、天然气问题严重的地段以及人为坑洞等。

B 级：存在中小型突水突泥隐患的地段，物探有较大异常的地段，断裂带等。

C 级：水文地质条件较好的碳酸盐岩及碎屑岩地段、小型断层破碎带，发生突水、突泥的可能性较小的地段。

D 级：非可溶岩地段，发生突水、突泥的可能性极小的地段。

表 6.9.4 超前地质预报工作分级影响因素

施工地质分级		A	B	C	D
		严重	较严重	一般	轻微
地质复杂程度（含物探异常）	岩溶发育程度	极强，厚层块状灰岩，大型溶洞、暗河，岩溶密度＞15 个 /km^2，最大泉流量＞50 L/s，钻孔岩溶率＞10 %	强烈，中厚层灰岩夹白云岩，地表溶洞落水洞密集、地下以管道水为主，岩溶密度 5 ～ 15 个 /km^2，最大泉流量 10 ～ 50 L/s，钻孔岩溶率 5 % ～ 10 %	中等，中薄层灰岩，地表出现溶洞，岩溶密度 1 ～ 5 个 /km^2，最大泉流量 5 ～ 10 L/s，钻孔岩溶率 2 % ～ 5 %	微弱，不纯灰岩与碎屑岩互层，地表地下以溶隙为主，最大泉流量＜5 L/s，钻孔岩溶率＜2 %
	涌水涌泥程度	特大（日出水 10 万吨以上）、大型突水（日出水 10 000 ～ 100 000 点）、突泥，高水压	中小型突水（日出水 1 000 ～ 10 000 t）、突泥	小型涌水（日出水 100 ～ 1 000 t）、涌泥	日出水小于 100 t，涌突水可能性极小
	断层稳定程度	大型断层破碎带、自稳能力差、富水，可能引起大型失稳坍塌	中型断层带，软弱，中～弱富水，可能引起中型坍塌	中小型断层，弱富水，可能引起小型坍塌	中小型断层，无水，掉块
	地应力影响程度	高应力，严重岩爆（拉森斯判据＜0.083，即岩石点荷载强度与围岩最大切向应力的比值），大变形	高应力，中等岩爆（拉森斯判据 0.083 ～ 0.15），中～弱变形	弱岩爆（拉森斯判据 0.15 ～ 0.20），轻微变形	无岩爆（拉森斯判据＞0.20），无变形
	瓦斯影响程度	瓦斯突出：煤的破坏类型为Ⅲ（强烈破坏煤）、Ⅳ（粉碎煤）、Ⅴ（全粉煤）类，瓦斯放散初速度≥10 mL/s，煤的坚固系数≤0.5，瓦斯压力≥0.74 MPa	高瓦斯：全工区的瓦斯涌出量≥0.5 m^3/min	低瓦斯：全工区的瓦斯涌出量＜0.5 m^3/min	无
（地质因素）对隧道施工影响程度		危及施工安全，可能造成重大安全事故	存在安全隐患	可能存在安全问题	局部可能存在安全问题
诱发环境问题的程度		可能造成重大环境灾害	施工、防治不当，可能诱发一般环境问题	特殊情况下可能出现一般环境问题	无

6.9.5 地质复杂隧道的预测预报应坚持隧道洞内探测与洞外地质勘探相结合、地质方法与物探方法相结合、辅助导坑与主洞探测相结合，开展多层次、多手段的综合超前地质预报，并贯穿施工全过程。不同地质灾害的预报方式可采用：

A 级预报：采用地质分析法、地震波反射法、声波反射法、地质雷达、红外探测、超前水平钻探等手段进行综合预报。

B 级预报：采用地质分析法、地震波反射法或声波反射法，辅以红外探测、地质雷达，进行必要的超前水平钻孔。当发现局部地段工程地质条件复杂时，按 A 级要求实施。

C 级预报：以地质分析法为主。对重要的地质（层）界面、断层或物探异常地段可采用地震波反射法或声波反射法进行探测，必要时采用红外探测和超前水平钻孔。

D 级预报：采用地质分析法。

6.9.6 复杂隧道超前地质预报应编制实施细则，内容包括超前地质预报实施方案和分段预报内容、方法及技术要点，并编制气象、重要泉点、暗河流量、地下水位等观测计划和观测技术要求。

6.9.7 地质调查法包括隧道地表补充地质调查和洞内地质素描等。地质调查法应根据隧道已有勘察资料、地表补充地质调查资料、洞内开挖工作面地质素描，通过地层层序对比、地层分界线及构造线地下和地表相关性分析、断层要素与隧道几何参数的相关性分析、邻近隧道内不良地质体的前兆分析等，利用地质理论、地质作图和趋势分析等工具，推测开挖工作面前方可能揭示的地质情况。

6.9.8 隧道地表补充地质调查应在实施洞内地质超前预报前进行，并在实施洞内地质超前预报过程中根据需要随时补充。

6.9.9 在富水软弱断层破碎带、岩溶发育区、煤层瓦斯发育区、重大物探异常区等复杂地质地段应采用超前水平钻探预报前方地质情况。

6.9.10 物理勘探法具有抑制干扰、能区分有用信号和干扰信号的特点，其主要适用于以下范围：

1）对开挖工作面前方和周围较大范围内的地质构造、洞穴、隐伏含水体等探测。

2）被探测对象与周围介质之间有明显的物理性质差异。

3）被探测对象具有一定的规模，且地球物理异常有足够的强度。

6.9.11 地球物理勘探有多种方法，应根据探测对象的埋深、规模及其与周围介质的物性差异，选用有效的方法。

6.9.12 电磁波反射法。地质雷达利用电磁波在隧道开挖工作面前方岩体中的传播及反射进行探测。其根据传播速度和反射脉冲走向进行超前地质预报探测。每次探测深度约为 30 m，两次探测重复距离为 5 m。其可以及时对地质预报资料进行科学性分析，尽快提供成果报告，为安全合理施工保驾护航。

6.10 其他辅助施工措施

6.10.1 隧道开挖工作面自稳能力差时可采用喷射混凝土封闭、锚杆加固、开挖工作面注浆等形式配合分部开挖的施工，并应满足下列要求：

1）喷射混凝土加固应和初喷同时进行，厚度一般宜为 10 cm 左右。

2）注浆加固可采用钢化管，布孔方式视开挖工作面情况确定，注浆方式宜采用发散约束型注浆。

3）锚杆加固可采用玻璃纤维锚杆或其他易拆除的锚杆。

6.10.2 在隧道穿过塌方体、膨胀岩、软弱破碎带等围岩段，为减少变形，常采用临时仰拱与各种分部开挖方法相配合的施工辅助措施，并应满足下列要求：

1）临时仰拱应根据围岩情况及量测数据确定设置区段，可采用型钢仰拱或格栅钢架喷射混凝土等，如图 6.10.2 所示。

图 6.10.2 临时仰拱安装

2）当需要提供水平支撑力时，临时仰拱应设置成水平直线型。

3）特殊情况下临时仰拱作为隧道内运输通道支撑时，可设置为下拱型，并配备纵向连接钢筋。

4）临时仰拱与边墙连接部位应施作锁脚锚管予以加强。

5）临时仰拱应和拱部、墙部初期支护同步施工、螺栓连接，以便迅速闭合。

6）拆除临时仰拱时应加强监控量测工作，必要时应对初期支护予以加强。

6.10.3 在软弱破碎围岩或黄土隧道分部开挖中，为减少变形，常将拱脚扩大 50 ～ 100 cm，以避免拱架整体下沉。

6.10.4 扩大拱脚适用范围。

1）扩大拱脚是指在隧道施工过程中，先在拱墙中部适当位置进行扩挖，扩大钢架单元拱脚基础及采取在钢架单元外侧焊接斜撑，扩大上部钢架拱脚及垫板，增大地基承载力，然后分部进行支护，形成支护整体。

2）扩大拱脚适用于浅埋、软弱围岩隧道（Ⅳ、Ⅴ、Ⅵ级围岩）。

7 隧道开挖

7.1 一般规定

7.1.1 隧道开挖方法应根据地质条件、断面大小、结构形式、机械配备、周围环境等因素综合确定，开挖方法应有利于保护围岩的自承能力。

7.1.2 钻爆作业应符合以下规定：

1）开挖轮廓形状和断面尺寸应符合设计要求，尽量减小开挖轮廓线的放样误差，应采用激光指向仪、隧道激光断面仪等确定开挖轮廓线和炮眼位置。

2）通过爆破试验，选择合理的钻爆参数，并根据地质条件的变化和对振动波的监测，不断优化钻爆参数，实现光面爆破，把对围岩、支护及衬砌的扰动减到最低程度。

3）隧道开挖断面应以二次衬砌设计轮廓线为基准，预留变形量、测量贯通误差和施工误差等因素适当放大，并应满足下列要求：

（1）预留变形量应符合设计规定，或根据围岩级别、隧道宽度、埋置深度、施工方法和支护情况等条件，采用工程类比法确定。

（2）测量贯通误差应符合现行的相关规定。

（3）施工中应根据量测结果进行分析，及时调整预留变形量。

4）当两相对开挖工作面相距 40 m 时，两端施工应加强联系，统一指挥。当两开挖工作面间的距离剩下 10 ～ 15 m 时，应从一端开挖贯通。

5）爆破作业时，所有人员应撤至不受有害气体、振动及飞石伤害的安全地点；在有可能发生涌水、突水地段应加强开挖工作面与洞内后部工作点的联系。安全地点至爆破工作面的距离，在独头坑道内不应小于 200 m，当采用全断面开挖时，应根据爆破方法与装药量计算确定安全距离。

6）隧道开挖中所使用爆破器材的运输、储存、检验、再加工、使用和退库、销毁应符合国家有关法律、法规和现行国家标准《爆破安全规程》（GB 6722—2014）的规定。施工中对爆破器材必须统一管理、发放，不符合要求的一律不准使用。

7.2 隧道超欠挖

7.2.1 隧道施工应严格控制超欠挖，允许超挖值应按表 7.2.1 进行控制。

表 7.2.1 隧道允许超挖值（单位：cm）

开挖部位 \ 围岩级别		Ⅰ	Ⅱ～Ⅳ	Ⅴ、Ⅵ
拱部	平均线形超挖	10	15	10
	最大超挖	20	25	15
边墙线形超挖		10	10	10
仰拱、隧底	平均线形超挖	10		
	最大超挖	25		
注：1．本表适用于炮眼深度不大于 3.0 m 隧道的开挖。炮眼深度大于 3.0 m 时，可根据实际情况另行规定。 2．最大超挖值是指最大超挖处至设计开挖轮廓切线的垂直距离。 3．表列数值不包括测量贯通误差、施工误差。 4．测量方法可选用表 7.2.2 列出的办法进行。 5．超过表 7.2.1 所列数值的部分按局部坍塌处理				

7.2.2 隧道超欠挖的测定方法见表 7.2.2。

表 7.2.2 隧道超欠挖的测定方法

测定方法及采用的仪器	方法简述
利用激光束测定	用激光指向仪或激光经纬仪射在开挖工作面上的光束测定特定部位的超欠挖的线性值
用全站仪测定	在要测的点位粘贴反光片，用全站仪测定各点的三维坐标，通过计算绘制开挖断面，与设计断面进行比较
用激光隧道限界测量仪测定	由免棱镜测距全站仪和手提电脑组成，对开挖工作面（或任一断面）测量，直接打印出设计断面与实际断面，并标出设定点的超欠挖值
用二次衬砌轮廓刚架作基准测定	当防水板铺设专用台车移动时，用直尺量取需测定点至轮廓刚架的最小距离，并考虑喷射混凝土的厚度，以确定超欠挖值

7.2.3 隧道开挖应严格控制欠挖，当围岩完整、石质坚硬时，允许岩石个别突出部分侵入衬砌不大于 5 cm（每 1 m^2 不大于 0.1 m^2）；拱脚和墙脚以上 1 m 范围内严禁欠挖。

7.2.4 隧道周边炮眼痕迹保存率是衡量开挖面平整度的一个指标，炮眼痕迹保存率应满足表 7.2.4 的规定。

表 7.2.4　各种围岩周边炮眼痕迹保存率

围岩性质	硬岩	中硬岩
炮眼痕迹保存率 / %	≥ 80	≥ 60
注：炮眼痕迹保存率＝（残留有痕迹的炮眼数 / 周边眼总数）×100 %		

7.2.5　超欠挖控制技术措施：

1）严格执行周边眼小药卷不耦合装药结构，减少对围岩的扰动，达到缩减超挖量的目的。

2）严格控制周边眼起爆顺序，在满足爆破振动速度要求的前提下，周边眼尽可能安排少段次起爆，以减少由于起爆不同步引起的超欠挖。

3）严格控制周边眼的施工精度，施钻前必须在工作面按设计开挖轮廓放线，误差不得大于 5 cm 并按爆破设计标出周边孔位置，检查合格后方可施钻，钻孔中要严格控制周边孔外插角度，防止由于外插失控而引起的超欠挖。

4）提高装药质量，杜绝施工中不按设计装药、不按要求堵塞等不良现象。

5）做好超前地质预报工作和爆破效果检查工作，以便及时快速地调整爆破参数，达到控制超欠挖的目的。

6）钢拱架加工应考虑施工误差适当放大，成品要放样检查，务必全面合格后方可使用，架设时必须按给定中线、水平线进行，严防偏斜扭曲。

7.3　土质隧道开挖

7.3.1　人工开挖。

1）当土质围岩隧道不具备机械施工条件时采用人工开挖，开挖方法宜采用环形开挖预留核心土法。人工开挖实景如图 7.3.1 所示。

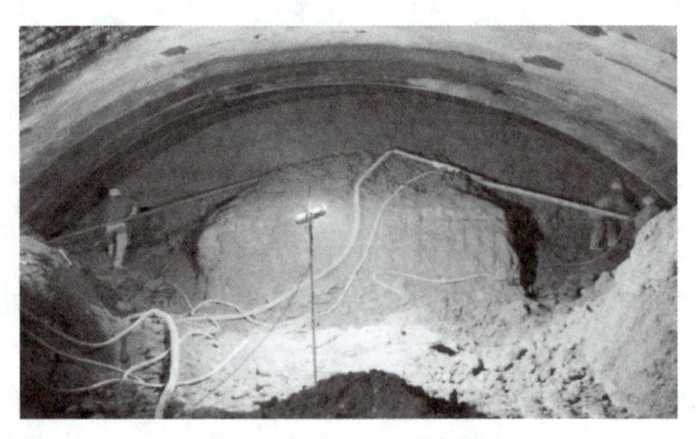

图 7.3.1　人工开挖实景

2）隧道局部围岩开挖困难，可采用风镐或电镐等小型风动或电动工具辅助人工开挖，一般人工装渣，手推车、矿用运输车等运渣。

3）人工开挖拱脚时应有专人密切关注围岩变化，防止出现安全事故。

4）隧道开挖工程中要严格控制超挖与欠挖量。开挖过程中进行拱顶沉降的监测，如果拱顶沉降较大，则要及时施作临时仰拱。

7.3.2 机械开挖适用范围。

1）机械开挖适用于土质隧道及对爆破振速有特殊要求的石质隧道施工。

2）机械开挖适用于各类开挖方法。

7.3.3 施工要求：

1）土质围岩隧道主要采用挖掘机进行开挖，石质隧道主要开挖工具为破碎锤。特殊情况下也可采用铣挖法开挖。采用挖掘机开挖实景如图 7.3.3 所示。

图 7.3.3 采用挖掘机开挖实景

2）机械开挖过程中应有专人密切关注围岩变化，防止出现安全事故。

3）土质隧道采用机械开挖时，开挖轮廓线内不小于 30 cm 的围岩应用人工挖除、修整。土质隧道拱部开挖，每次开挖长度控制 1 榀钢架间距。边墙每次开挖长度控制在 2 榀钢架间距以内，仰拱每次开挖长度控制在 3 榀钢架间距以内。

4）开挖过程中进行拱顶沉降的监测，如果出现数据异常，应及时采取应急措施。

7.4 钻爆开挖

7.4.1 隧道开挖应根据工程地质条件、开挖断面、开挖方法、掘进循环进尺、钻眼机具和爆破器材等结合爆破振动要求进行钻爆设计。施工中应根据爆破效果不断调整爆破参数。

7.4.2 钻爆设计的内容应包括炮眼（掏槽眼、辅助眼、周边眼、底板眼）的布置、深度、斜率和数量，爆破器材、装药量和装药结构，起爆方法和爆破顺序，钻眼机具和钻眼要求、主要技术经济指标及必要的说明等。

7.4.3 掏槽眼的形式有直眼掏槽、楔形掏槽，施工中应根据隧道断面大小、围岩级别以及爆破振动等要求选定。

7.4.4 炮眼布置应符合下列规定：

1）周边眼应沿隧道开挖轮廓线布置。

2）辅助炮眼应交错均匀布置在周边眼与掏槽眼之间。

3）周边炮眼与辅助炮眼的眼底应在同一垂直面上，掏槽眼应加深 10 ～ 20 cm。

4）炮眼布置时，按照“上稀下密、周边适当加密、中部均匀分布”的原则布置各类炮孔。

5）斜眼掏槽具有操作简单，精度要求较低，便于根据岩层实际情况改变掏槽角度和掏槽方式，掏槽眼数量少，装药量也较少，炸出槽口大等优点。

6）直眼掏槽适用于中硬及坚硬岩石掘进，炮孔垂直于工作面，不受开挖尺寸的限制，适宜较深炮孔，便于多台凿岩机同时作业，提高工作效率。

7）辅助眼采用环形布置，交错均匀地布置于周边眼与掏槽眼之间，并垂直于开挖面。开挖断面底面两隅处，应合理布置辅助眼，并适当增加装药量，消除爆破死角。当炮眼深度超过 2.5 m 时，靠近周边眼的内圈与周边眼有相同的斜率。

8）周边眼宜沿设计开挖轮廓线布置。

7.4.5 钻眼作业应符合下列要求：

1）炮眼的深度和斜率应符合钻爆设计。

2）当采用手持凿岩机钻眼时，掏槽眼眼口间距和眼底间距的允许误差为 ±5 cm；辅助眼眼口间距允许误差为 ±10 cm；周边眼眼口位置允许误差为 ±5 cm，眼底不得超出开挖断面轮廓线 15 cm。

3）当开挖面凹凸较大时，应按实际情况调整炮眼深度及装药量，使周边眼和辅助眼眼底在同一垂直面上。

4）钻眼完毕，按炮眼布置图进行检查并做好记录，对不符合要求的炮眼应重钻，经检查合格后方可装药。

5）采用手持凿岩机凿眼，当凿眼高度超过 2.5 m 时应配备与开挖断面相适应的作业台架进行凿眼；钻孔作业应定人定岗，尤其是左右侧周边眼司钻工不宜变动。

6）当采用凿岩台车开挖时，对钻眼的要求，可根据台车的构造性能结合实际情况另行规定。

7.4.6 提高光面爆破效果应采用下列技术措施：

1）周边轮廓线和炮眼的放样宜采用隧道激光断面仪或类似的仪器，尽量减少人工操作。周边轮廓线的放样允许误差应为 ±2 cm。

2）周边眼间距与抵抗线的相对距离要合理，通常减小周边眼间距，爆破后轮廓成形好。

3）装药结构应均匀分布，眼底可相对加强一些。

4）周边眼开眼位置视围岩软硬稍做调整：硬岩在轮廓线上；软岩可向内偏移 5 ～ 10 cm。

5）尽量减小周边眼外插角的角度，孔深小于 3 m 时外插角的斜率宜为孔深的 ±5 %；孔深大于 3 m 时外插角的斜率宜为孔深的 ±3 %；外插角的方向应与该点轮廓线的法线方向相一致，并应根据不同的炮眼深度，适当调整斜率。

6）当隧道断面较大或地表建筑物对振动要求较严时，可采用小导洞超前，隧道开挖以“层层剥皮”成形，既能减轻爆破振动，又可提高光面爆破效果，如图 7.4.6 所示。

图 7.4.6 光面爆破拱部效果

7.4.7 装药作业应符合下列要求：

1）爆破工装药前，应与班组长、领工员对装药开挖工作面附近及炮眼等进行全面检查，对检查出的问题及时处理。

2）炮眼内岩粉应清理干净。

3）炮眼缩孔、坍塌或有裂缝时不得装药。

4）装药作业与钻孔作业不能在同一开挖工作面进行。

7.4.8 装药结构应符合下列规定：

1）常用的周边眼装药结构有小直径连续装药结构、间隔装药结构、导爆索装药结构和专用光爆炸药装药结构，如图 7.4.8-1 ～图 7.4.8-4 所示。一般情况下宜选用小直径连续装药或间隔装药结构；软岩可采用导爆索装药结构。

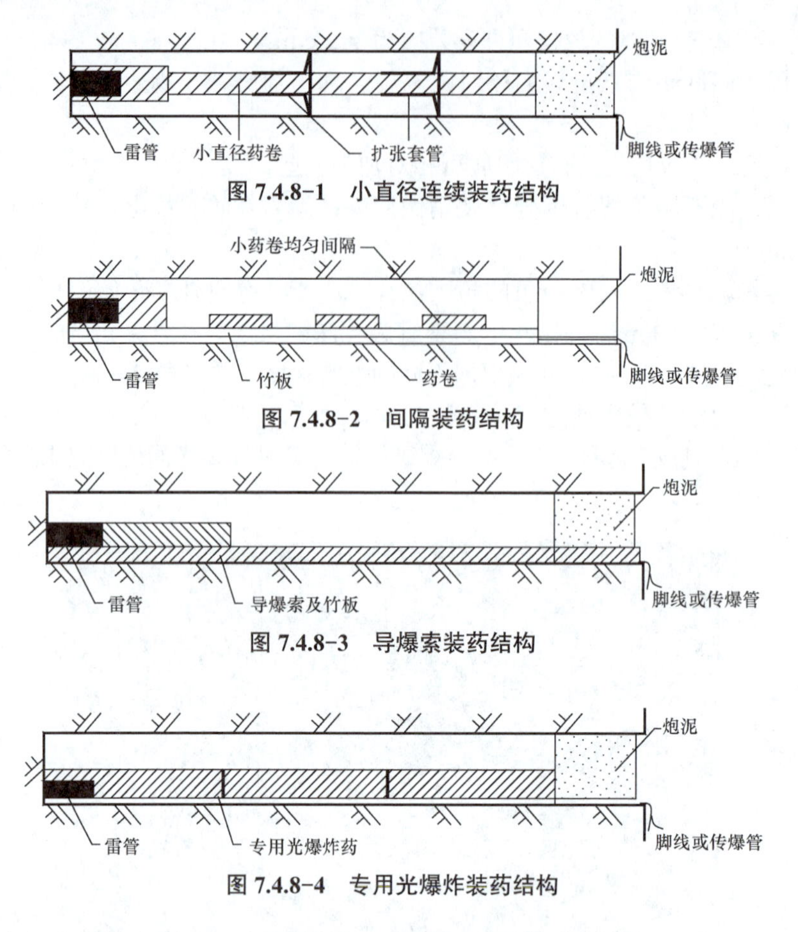

图 7.4.8-1　小直径连续装药结构

图 7.4.8-2　间隔装药结构

图 7.4.8-3　导爆索装药结构

图 7.4.8-4　专用光爆炸装药结构

2）为提高炸药的能量和爆破效果，应采用反向装药结构；在有瓦斯、煤尘爆炸危险的开挖工作面应采用正向装药结构。

3）周边眼按药卷直径不同应采用连续装药或间隔装药结构，其他眼应采用连续装药结构。

7.4.9　装药作业应符合下列规定：

1）尽量采用装药机（有乳化炸药装药机、粉状炸药装药机）装药，以提高装药效率，减少不安全因素。

2）清孔：装药前，采用掏勺或压缩空气吹眼器清除炮眼内的岩粉、积水，防止堵塞，使用压缩空气吹眼器时应避免炮眼内飞出的岩粉、岩块等杂物伤人。

3）验孔：炮眼清理完成后，应采用炮棍检查炮眼深度、角度、方向和炮眼内部情况。发现炮眼不符合要求的，及时处理。

4）装药方法：验孔完成后，爆破工必须按作业规程、爆破设计规定的炮眼装药量、起爆段位进行装药。装药时要一手抓住雷管的脚线，另一手用木质或竹质炮棍将放在眼口处的药卷轻轻地推入炮眼底，使炮眼内各药卷间彼此密接。推入时，用力要均匀。

5）正向装药的起爆药卷最后装入，起爆药卷和所有的药卷的聚能穴朝向眼底；反向装药的起爆药卷首先装入，起爆药卷和所有的药卷的聚能穴朝向眼外。

6）堵孔炮泥应满足下列要求：

（1）所有装药的炮眼应采用炮泥堵塞，不得用炸药的包装材料等代替炮泥堵塞。

（2）宜用炮泥机制作炮泥，炮泥配合比一般为1:3的黏土和沙子，加含有2%～3%食盐的水制成，炮泥应干湿适度。

7）封孔应满足下列要求：

（1）最初填塞的炮泥应慢慢用力，轻捣压实，以后各段炮泥应依次用力一一捣实。

（2）浅孔宜将余孔全部堵塞。

（3）炮眼深度小于1 m时，封泥长度不宜小于炮眼深度的1/2。

（4）炮眼深度超过1 m时，封泥长度不宜小于0.5 m。

（5）炮眼深度超过2.5 m时，封泥长度不宜小于1 m。

（6）光面爆破周边眼封泥长度不宜小于0.3 m。

7.4.10 隧道爆破应采用光面爆破或预留光爆层爆破，光面爆破参数应通过试验确定。当无试验条件时，有关参数可参照表7.4.10选用。

表7.4.10 光面爆破参数

岩石类别	周边眼间距 E / cm	周边眼抵抗线 W / cm	相对距离 E / W
极硬岩	50～60	55～75	0.8～0.85
硬岩	40～55	50～60	0.8～0.85
软质岩	30～45	45～60	0.75～0.8

注：1. 表列参数适用于炮眼深度1.0～3.5 m，炮眼直径40～50 mm，药卷直径20～35 mm。

2. 当断面较小或围岩软弱破碎或对开挖成形要求较高时，周边眼间距 E 应取较小值。

3. 周边眼抵抗线 W 值应大于周边眼间距 E 值。软岩取较小的 E 值时，W 值应适当增大。E / W：软岩取小值，硬岩及小断面取大值。

4. 装药集中度 q 以装药长度的平均线装药密度计，一般为0.04～0.4 kg/m，过大易破坏光爆壁面，施工中应根据炸药类型和爆破试验确定

7.4.11 根据地质、水文条件和炮眼选择适当的炸药品种和型号。掏槽眼宜选用高猛度的炸药；周边眼宜选用低密度、低爆速、低猛度或高爆力的炸药。采用导爆管和毫秒雷管起爆，毫秒雷管系列的选用应根据钻爆设计所需的段位数和便于操作确定。

7.4.12 连线起爆作业应符合下列规定：

1）每次起爆前，爆破员必须仔细检查起爆网路。

2）在同一开挖断面上，起爆顺序应由内向外逐层起爆。

3）延发时间一般应采用孔内控制。

4）放炮员必须最后离开爆破地点，并必须在有掩护的安全地点进行起爆。

5）爆破前，班组长必须清点人数，确认无误后，方准下达起爆命令。放炮员接到起爆命令后，必须先发出爆破警号，至少等 5 s 方可起爆。

7.4.13 处理瞎炮（包括残炮）必须在班组长的直接指导下进行，并应在当班处理完毕，如果当班未能处理完毕，放炮员必须同下一班放炮员在现场交接清楚。

7.4.14 爆破效果应满足下列要求：

1）硬岩无剥落；中硬岩基本无剥落；软弱围岩无大的剥落或坍塌。

2）钻杆外插角是控制超欠挖的关键，两次爆破形成的台阶尺寸因钻孔机械的不同而相差甚大，应尽量减小台阶尺寸并不宜大于 15 cm。

3）开挖轮廓符合设计要求，开挖面平整。

4）爆破进尺达到设计要求，碴块块度满足装碴要求。

5）炮眼痕迹保存率应符合规定并在开挖轮廓面上均匀分布。

7.4.15 在浅埋、软弱破碎围岩、邻近有建筑物等特殊情况地段爆破时，应用仪器检测围岩爆破振速和扰动范围，并采取措施控制爆破对围岩的扰动程度。爆破振动应监测下列对象：

1）对洞口附近的建筑物和构筑物的振动。

2）对浅埋隧道地表的建筑物和构筑物的振动。

3）对相邻隧道或地下构筑物的振动。

4）每一新的爆破设计实施时对新喷射混凝土、刚脱模的二次衬砌混凝土的振动等。

7.4.16 检查爆破效果。爆破后工作面采用机械通风工作，同时进行洒水除尘，空气质量达标后，经验丰富的专业爆破人员先进入掌子面进行找顶、排险。确定安全后，才能进行出碴工作。

7.4.17 盲炮处理。

1）施工前和施工中，应该对使用的爆破器材做检验，应选用合格的炸药和雷管以及其他爆破材料；装药前应检查孔内是否有积水，如有积水，应采用防水的乳胶炸药或清除积水；装药时，中间不能脱节；连线时，要注意防止导爆管和导爆索折断，雨天时注意防水，确保起爆网路的畅通。

2）一旦发现盲炮，应严格按《爆破安全规程》（GB 6722—2014）中的规定执行。

3）处理盲炮的工艺流程：确定类型→分析现状→确定处理方法→处理盲炮→检查效果→收集残余的爆破材料→结束。

7.4.18 特殊环境下爆破作业中应对噪声、空气污染和粉尘进行监测。

7.4.19 水下隧道应采用微振动爆破技术：选用低爆速炸药、浅眼弱爆破、加密周边眼、短进尺。掏槽眼按抛掷爆破设计；辅助眼按弱爆破设计；周边眼按光面爆破设计，围岩完整时可采用预裂爆破。

7.4.20 土质隧道采用机械开挖时，开挖轮廓线内不小于 30 cm 的围岩应用人工挖除、修整。

7.4.21 加强钻爆现场管理，严格遵守钻爆作业纪律，确保炮眼间距、周边眼装药结构、掏槽形式、起爆顺序、单段最大起爆药量及堵塞长度和质量等，满足设计和《爆破安全规程》（GB 6722—2014）的要求。

7.4.22 加强爆破振动监测，及时调整爆破参数。在城市爆破工程中，振动速度的监测和控制是指导爆破参数的重要手段之一，因此，要在爆破中进行全过程的爆破振动跟踪监测，根据监测信息，及时调整爆破参数。

7.4.23 始终贯彻“短进尺，弱爆破”的原则，以确保施工及建筑物的安全。

7.5 装、运与弃碴

7.5.1 隧道施工中的装碴运输的模式应根据隧道的断面大小、施工方法、机械设备及施工进度等要求综合考虑，制定可行的方案。

7.5.2 装碴运输设备的选型配套应使装碴能力、运输能力与开挖能力相适应，并保证装运能力大于最大的开挖能力。

7.5.3 装碴宜采用回转式的电动装载机械，运输宜采用带净化装置的柴油自卸汽车。

7.5.4 施工中宜建立工程运输调度，根据施工进度编制运输计划，统一指挥，提高运输效率。

7.5.5 洞内运输包括碴土、施工人员、构件、施工机械和爆破用品运输。装碴作业应符合下列规定：

1）装碴机械在操作中，其回转范围内不能有人通过。

2）装碴时若发现碴堆中有残留的炸药、雷管，应立即处理。

3）机械装碴的辅助人员，应随时留心装碴和运输机械的运行情况，防止挤碰。

4）在洞口、平交道口、狭窄的施工场地，应设置缓行标志，必要时应设专人指挥交通。凡接近车辆限界的施工设备应在其外缘设置低压红色闪光灯，显示限界。

5）洞内能见度较差时，应补充照明，洞内倒车应由专人指挥。

7.5.6 采用无轨运输方式运碴土时，运输车辆限制速度应符合相关规定，见表 7.5.6。

表 7.5.6　无轨运输车辆限制速度

项目	作业地段	非作业地段	成洞地段
正常行车	10	20	20
有牵引车	5	15	15
会车	5	10	10

7.5.7　无轨运输作业应符合下列要求：

1）运输道路应铺设路面，应与仰拱、底板混凝土结合施工，并做好排水及路面的维修工作。

2）洞内应加强通风，洞内环境应符合职业健康标准。

7.5.8　隧道采用无轨运输时，严禁使用汽油的机械进洞，内燃机械宜采用尾气净化装置并加强通风。

7.5.9　隧道弃碴场应结合当地自然环境、水土保持、人文景观、运输条件、弃碴利用等因素综合考虑，弃碴场应建设好挡墙护坡、排水系统、绿化覆盖等配套设施。

7.5.10　隧道内的运输道路应配备与施工方法、运输车辆相适应的跨越设备，并设置信号、标志予以警示，运输车辆不得对已施工的结构造成破坏、损伤。

8　初期支护

8.1　喷射混凝土

8.1.1　喷射混凝土施工工艺流程如图 8.1.1 所示。

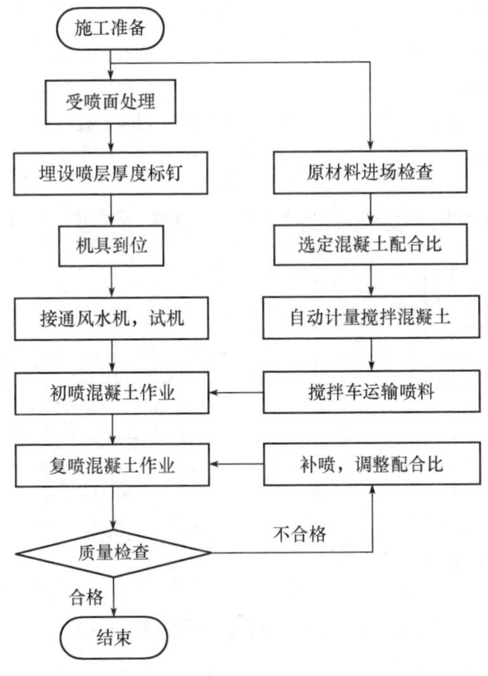

图 8.1.1　喷射混凝土施工工艺流程

8.1.2　喷射混凝土的材料应符合下列规定：

1）喷射混凝土材料进场必须进行检验，除符合国家现行的有关标准外，应符合表 8.1.2 的要求。

表 8.1.2　喷射混凝土原材料技术要求

材料名称	技术要求
水泥	1）应优先采用硅酸盐水泥或普通硅酸盐水泥，强度等级不宜低于 42.5 级。 2）遇含有较高可溶性硫酸盐地层或地下水地段，应按侵蚀类型和侵蚀程度采用相应的抗硫酸盐水泥；水泥的安定性、凝结时间均应合格。集料与水泥中的碱离子可能发生反应时，应选用低碱水泥；喷射混凝土需要有较高早期强度时，可选用硫铝酸盐水泥或其他早强水泥。 3）有特殊要求时，应使用相应的特种水泥
砂、石	1）粗集料应采用坚硬耐久的碎石或卵石（豆石），或两者混合物。严禁选用具有潜在碱活性集料，当使用碱性速凝剂时，不得使用含有活性二氧化硅的石料。喷射混凝土中的石子粒径不宜大于 15 mm，喷射钢纤维混凝土中的石子粒径不宜大于 10 mm，集料级配宜采用连续级配。按质量计含泥量不应大于 1 %，泥块含量不应大于 0.25 %。 2）细集料应采用坚硬耐久的中砂或粗砂，细度模数应大于 2.5。砂中小于 0.075 mm 的颗粒不应大于 20 %。含泥量不应大于 3 %，泥块含量不应大于 0.5 %
水	水质应符合工程用水的有关标准，水中不应含有影响水泥正常凝结与硬化的有害杂质，不应使用污水、海水、pH 值小于 4.5 的酸性水、硫酸盐含量按质量计超过水质量 1 %的水
外加剂	1）应对混凝土的后期强度无明显损失；对混凝土和钢材无腐蚀作用；不污染环境，对人体无害。采用低碱或无碱外加剂。 2）在使用外加剂前，应做与水泥的相容性试验及水泥净浆凝结效果试验，严格控制掺量；水泥净浆初凝时间不应大于 5 min，终凝时间不应大于 10 min

2）喷射混凝土用的集料级配宜控制在图 8.1.2 所给的范围内。

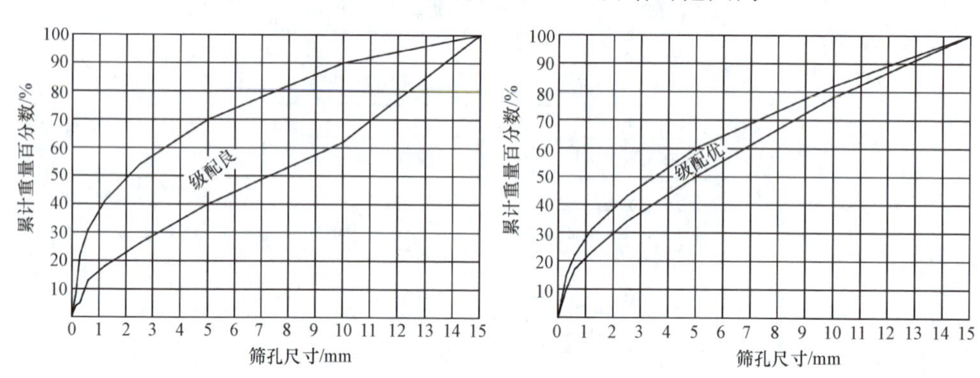

图 8.1.2　喷射混凝土粗集料筛分曲线

8.1.3　喷射混凝土的配合比应符合下列规定：

1）喷射混凝土的性能（强度、密实度、粘结力）、回弹率、粉尘浓度应符合现行国家标准《岩土锚杆与喷射混凝土支护工程技术规范》（GB 50086—2015）的规定。

2）喷射混凝土因施工方法及环境条件不同，其性能的要求也不同。配合比应满足设计强度和喷射工艺的要求，并通过试喷确定。

3）喷射混凝土必须满足设计的初期强度、长期强度、厚度及其与围岩面粘结力要求。湿喷混凝土 3 h 强度应达到 1.5 MPa，24 h 强度应达到 10.0 MPa。

4）湿喷混凝土的胶凝材料每立方米用量不宜小于 400 kg。

5）水胶比宜为 0.40 ～ 0.50。

6）胶集比宜为 1∶4 ～ 1∶5。

7）集料砂率宜为 45 % ～ 60 %。

8）混凝土拌合物的坍落度宜为 8 ～ 13 cm（按喷射机性能选择）。

8.1.4　喷射混凝土作业应符合下列规定：

1）喷射混凝土应根据现场实际情况，优先采用湿喷工艺，某些特定条件下采用干喷工艺时，应符合国家标准《岩土锚杆与喷射混凝土支护工程技术规范》（GB 50086—2015）的要求。喷射混凝土作业如图 8.1.4-1 所示。

图 8.1.4-1　喷射混凝土作业

2）为确保喷射质量，尽快完成喷射作业，宜选定大容量的喷射机和喷射机械手。

3）喷射混凝土的准备工作应满足下列要求：

（1）检查开挖断面净空尺寸。

（2）设置控制喷射混凝土厚度的标志，一般采用埋设钢筋头做标志。

（3）检查机具设备和风、水、电等管线路。

（4）选用的空压机应满足喷射机工作风压和耗风量要求；压风进入喷射机前必须进行油水分离；输料管应能承受 0.8 MPa 以上的压力，并应有良好的耐磨性能。

（5）保证作业区内具有良好的通风和照明条件。

（6）喷射混凝土作业的环境温度不得低于 5 ℃。

4）受喷岩面的处理应满足下列要求：

（1）喷射混凝土施工前，应对受喷岩面进行处理。一般岩面可用高压水冲洗受喷面上的浮尘、岩屑，当岩面遇水容易潮解、泥化时，宜采用高压风吹净岩面；当为泥、砂质岩面时可挂设细铁丝网（网格宜不大于 20 mm×20 mm、线径宜小于 3 mm），用环向钢筋和锚钉或钢架固定，使其密贴受喷面，以提高喷射混凝土的附着力。喷射混凝土前，宜先喷一层水泥砂浆，待终凝后再喷射混凝土。

（2）受喷面的小股水或裂隙渗漏水宜采用岩面注浆或导管引排后再喷射混凝土。

（3）大面积潮湿的岩面宜采用粘结性强的混凝土，可通过添加外加剂、掺合料改善混凝土性能。

（4）大股涌水宜采用注浆堵水后再喷射混凝土。

5）喷射作业应连续进行。喷射作业应分层、分段、分片，喷射顺序应自下而上，分段长度不宜大于 6 m。

6）分层喷射时，一次喷射混凝土的厚度不小于 40 mm，后一层喷射应在前一层混凝土终凝后进行，若终凝 1 h 后再喷射，应先用水清洗喷射表面。

7）初喷混凝土在开挖后及时进行，复喷应根据开挖工作面的地质情况分层、分时段进行喷射作业，以确保喷射混凝土的支护能力和喷层的设计厚度；喷射混凝土终凝后 3 h 内不得进行爆破作业。复喷混凝土的一次喷射厚度：拱部为 50 ～ 100 mm，边墙为 70 ～ 150 mm。

8）喷射混凝土应强化工艺管理，降低喷射回弹率。喷射混凝土的回弹量：墙部不应大于 15 %，拱部不应大于 25 %。

9）根据具体情况，变换喷嘴的喷射角度和与受喷面的距离，将钢架、钢筋网背后喷填密实，如图 8.1.4-2、图 8.1.4-3 所示。必要时钢架背后采用注浆充填，并不得填充异物。

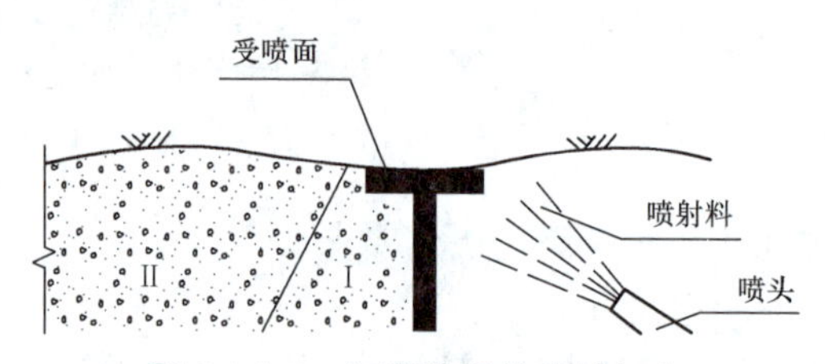

图 8.1.4-2　钢架背后的喷射角度

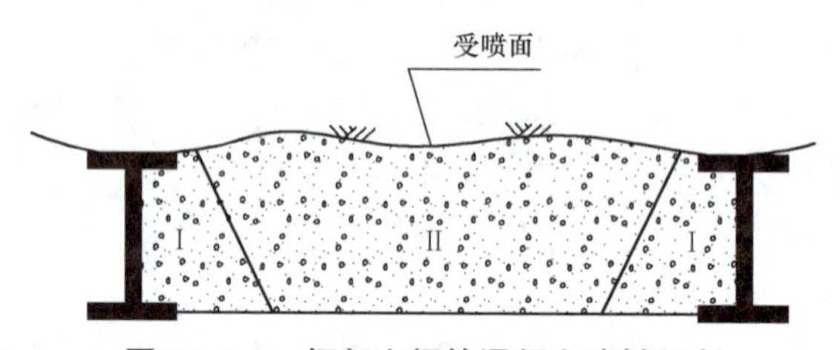

图 8.1.4-3　钢架之间的混凝土喷射顺序

10）在喷射边墙下部（台阶法施工上半断面拱脚）及仰拱时，需将上半断面喷射时的回弹物清理干净，防止将回弹物卷入下部喷层中形成“蜂窝”，以免降低支护能力。

8.1.5　喷射混凝土强度检验可从下列方法中选择：

1）用喷制大板切割试块（100 mm 的立方体），在标准养护条件下养护 28 d，用标准试验方法测得的极限抗压强度乘以 0.95。

2）当不具备制作抗压强度标准试块条件时，可喷制混凝土大板，在标准条件下

养护 7 d 后，用钻芯机取芯制作试块，芯样边缘至大板周边的距离不小于 50 mm。

3）可直接向边长 150 mm 的无底标准试模内喷射混凝土制作试块，抗压试验加载方向应与试块喷射成型方向垂直，其抗压强度换算系数应通过试验确定。

8.1.6 喷射混凝土的厚度应符合下列规定：

1）平均厚度大于设计厚度。

2）检查点数的 80 %及以上大于设计厚度。

3）厚度不小于设计厚度的 2/3。

8.1.7 喷射钢纤维混凝土应符合下列规定：

1）采用喷射钢纤维混凝土做初期支护时，应根据围岩地质条件确定喷层厚度；喷射钢纤维混凝土的韧度指标应满足围岩地质条件、变形量级和工程类型的要求。

2）喷射钢纤维混凝土的材料应符合下列规定：

（1）钢纤维内不得有明显的锈蚀、油脂及其他妨碍钢纤维与水泥黏结的杂质，其中因加工不良造成的粘连片、铁屑及杂质不应超过钢纤维质量的 1 %。钢纤维内不得混有妨碍水泥硬化的化学成分。

（2）钢纤维宜用普通碳素钢制成，钢纤维抗拉强度不得小于 600 MPa，钢纤维应能承受一次弯折 90° 不断裂。钢纤维长度宜为 20 ～ 35 mm，并不得大于输料软管以及喷嘴内径的 7/10，等效直径为 0.3 ～ 0.8 mm，长径比为 30 ～ 80。

（3）钢纤维掺量宜根据弯曲韧度指标确定，并应考虑到喷射时钢纤维混凝土各组分回弹率不同的影响。喷射钢纤维混凝土的钢纤维的实际含量每立方米不宜大于 78.5 kg（体积率 1.0 %）。最小实际含量可依据钢纤维的长径比参照表 8.1.7-1 选用。

表 8.1.7-1 钢纤维混凝土中钢纤维的最小实际含量

钢纤维的长径比	40	45	50	55	60	65	70	75	80
最小实际含量 /（kg · m^{-3}）	65	50	40	35	30	25	20	20	20
最小实际体积率 / %	0.83	0.64	0.51	0.45	0.38	0.32	0.25	0.25	0.25

（4）喷射钢纤维混凝土的强度等级不应低于 C25，并应满足结构设计对抗压强度、抗拉强度、抗折强度的要求。喷射钢纤维混凝土使用的水泥强度不应低于 42.5 MPa。

（5）喷射钢纤维混凝土采用的集料应采用连续级配，粗集料粒径不宜大于 10 mm，砂率不应小于 50%。

（6）喷射钢纤维混凝土的原材料中宜加入硅粉或粉煤灰等活性掺合料。硅粉的掺量为水泥质量的 5%～ 15%，粉煤灰的掺量为水泥质量的 15%～ 30%，掺合料掺量的选择应通过试验确定。

（7）喷射钢纤维混凝土应采用无碱速凝剂，其掺量应根据凝结时间确定，通常可取水泥用量的 2 %～ 8 %，并应掺入高效减水剂和增塑剂，其品种和剂量应通过试验或工程经验确定，并应经现场试喷检验。

3）喷射钢纤维混凝土配合比设计应满足下列要求：

（1）根据喷射钢纤维混凝土抗压强度要求确定水胶比；

（2）根据弯曲韧度比和弯拉强度要求确定钢纤维掺量；

（3）根据和易性和输料性能确定水、胶凝材料用量；

（4）根据集料粒径和级配、砂的细度及和易性确定砂率；

（5）水胶比及胶凝材料用量应符合本指南 8.1.2 及 8.1.4 条规定。

4）喷射钢纤维混凝土的拌合应满足下列要求：

（1）喷射钢纤维混凝土的拌合工艺应确保钢纤维在拌合物中分散均匀，不产生结团，宜优先采用将钢纤维、水泥、粗细集料先干拌后加水湿拌的方法，干拌时间不得少于 1.5 min；或采用先投放水泥、粗细集料和水，在拌合过程中分散加入钢纤维的方法。

（2）喷射钢纤维混凝土的各种材料的质量，应按施工配合比和一次拌合量计算确定，各种材料称量的允许误差应符合表 8.1.7-2 规定。

表 8.1.7-2　材料称量的允许误差

材料名称	钢纤维	水泥、混合材	粗细集料	水	外加剂
允许误差 / %	±2	±2	±3	±1	±2

（3）钢纤维混凝土的拌合时间应通过现场拌合试验确定，不宜小于 3 min（较普通混凝土规定的拌合时间延长 1 ～ 2 min）。

（4）喷射钢纤维混凝土的表面宜再喷一层厚度为 10 mm 的水泥砂浆，其强度不应低于喷射钢纤维混凝土的强度。

8.1.8　喷射合成纤维混凝土施工应符合下列规定：

1）喷射混凝土中的合成纤维宜采用聚丙烯纤维。

2）喷射混凝土中所使用的纤维长度宜为 19 mm。

3）合成纤维抗拉强度不宜小于 280 MPa。

4）合成纤维每立方米掺入量为 0.9 kg。

5）拌合时间宜为 4 ～ 5 min，且纤维已均匀分散成单丝，否则至少需要延长拌合时间 30 s 方可使用。

6）喷射合成纤维混凝土的强度等级应符合设计要求，粗集料粒径不宜大于 20 mm。

7）喷射合成纤维混凝土的水胶比宜为 0.35 ～ 0.45。

8）合成纤维加入喷射混凝土拌合料中时不需要改变原来的混凝土的配合比。

8.1.9 喷射混凝土养护应符合下列规定：

1）喷射混凝土终凝 2 h 后，应喷水养护，时间不得少于 14 d。

2）气温低于 5 ℃时不得喷水养护。

8.1.10 喷射混凝土冬期施工应符合下列规定：

1）洞口喷射混凝土的作业场所应有防冻保暖措施。

2）在结冰的层面上不得进行喷射混凝土作业。

3）作业区的气温和混合料进入喷射机的温度不应低于 5 ℃。

4）混凝土强度未达到 6 MPa 前，不得受冻。

8.2 锚杆

8.2.1 砂浆锚杆施工工艺流程如图 8.2.1 所示。

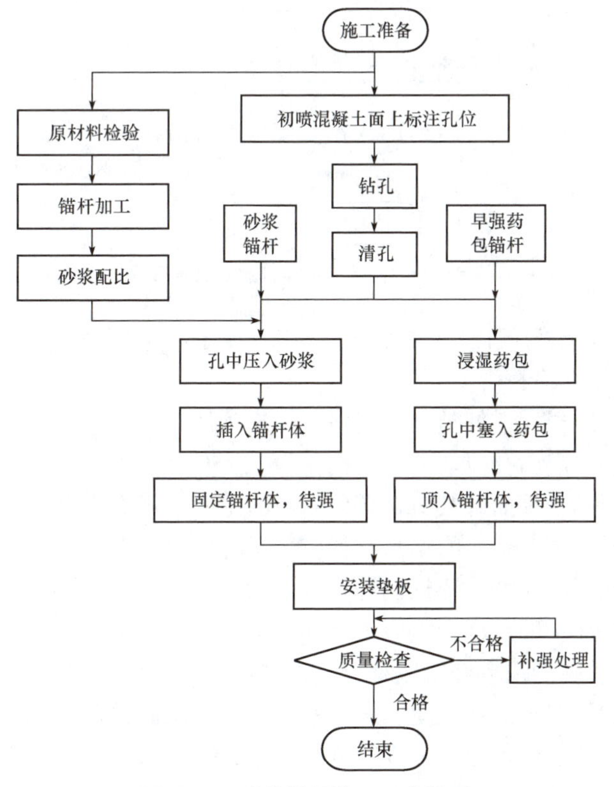

图 8.2.1 砂浆锚杆施工工艺流程

8.2.2 中空注浆锚杆施工工艺流程如图 8.2.2 所示。

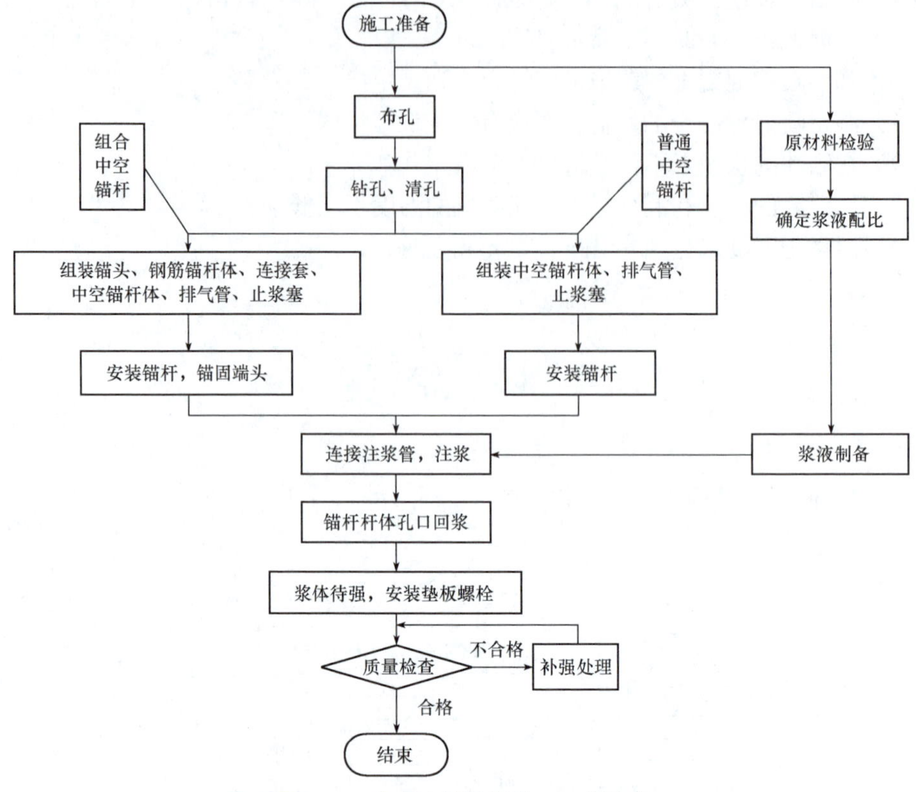

图 8.2.2　中空注浆锚杆施工工艺流程

8.2.3 自进式锚杆施工工艺流程如图 8.2.3 所示。

8.2.4 锚杆钻孔应符合下列规定：

1）钻孔机具应根据锚杆类型、规格及围岩等情况选择。

2）按设计要求定出孔位，其允许偏差为 ±150 mm。

3）钻孔应与围岩壁面或其所在部位岩层的主要结构面垂直。

4）钻孔应圆而直，锚杆的钻孔直径应大于杆体直径 15 mm。

5）锚杆钻孔深度应大于锚杆设计长度 10 cm。

6）砂浆锚杆深度的允许误差应为 ±50 mm。

8.2.5 全长黏结型锚杆施工应符合下列规定：

1）锚杆必须加垫板，垫板应用螺母紧固并与喷层面紧贴。

2）锚杆插入长度不得小于设计长度的 95 %。

3）水泥砂浆锚杆的原材料、砂浆配合比应满足下列要求：

（1）杆体宜用 HRB335、HRB400 级钢筋，锚杆杆体材质的断裂伸长率不得小

于 16 %，允许抗拉力与极限抗拉力应符合设计要求。

（2）锚杆杆体使用前应平直、除锈、除油。

（3）宜采用中细砂，粒径不应大于 2.5 mm，使用前应过筛。

（4）水泥砂浆强度不低于 M20，砂胶比宜为 1∶1 ～ 1∶2（质量比），水胶比宜为 0.38 ～ 0.45。

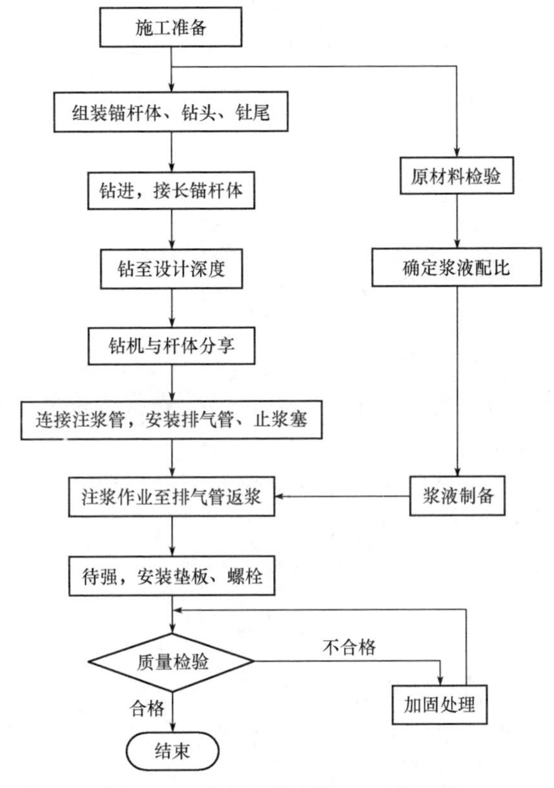

图 8.2.3　自进式锚杆施工工艺流程

4）灌浆作业应满足下列要求：

（1）灌浆开始或中途停止超过 30 min 时，应用水或稀水泥浆润滑注浆罐及其管路。

（2）灌浆注浆管应插至距孔底 50 ～ 100 mm，随砂浆的注入缓慢匀速拔出，杆体插入后若孔口无砂浆溢出，应进行补注。灌浆压力不得大于 0.4 MPa。

（3）砂浆应拌合均匀，随拌随用，一次拌合的砂浆应在初凝前用完。

5）锚杆杆体插入孔内长度不应小于设计长度的 95 %。锚杆安装后不得随意敲击。

6）安装垫板和紧固螺帽应在砂浆体的强度达到 10 MPa 后进行。

8.2.6 普通中空锚杆性能指标和施工应符合下列规定：

1）中空锚杆杆体的屈服力、最大力、断后伸长率、公称质量应符合表 8.2.6 的规定。

表 8.2.6 中空锚杆杆体的屈服力、最大力、断后伸长率、公称质量

普通中空锚杆产品规格	牌号	屈服力 /kN	最大力 /kN	断后伸长率 A/ %	公称质量 /（kg · m^{-1}）
		不小于			
ϕ25×5	Q345	102	153	21	2.47
ϕ28×5.5		126	190		3.05
ϕ32×6		159	240		3.85

注：1．屈服力是指纵向拉伸的中空锚杆杆体在屈服期间，不计初始瞬时效应时所测得的最小拉力；
2．最大力是指拉断中空锚杆杆体时所测得的最大拉力

2）普通中空锚杆适用于锚孔向下部位，不适宜用于隧道拱部。

3）普通中空锚杆用于锚孔向下部位时，锚孔灌浆可采用杆体中空通孔进浆、锚孔口排气的注浆工艺。

4）普通中空锚杆用于拱部时，锚孔灌浆必须采用锚孔口进浆、中空锚杆杆体的中空通孔做排气回浆管的注浆工艺。

5）施工作业应满足下列要求：

（1）锚杆钻孔采用气腿式风枪等凿岩机械；当在土层中钻孔时，宜采用干式排碴的回旋式钻机。

（2）钻孔前应根据设计要求并结合围岩产状定出孔位，做出标记；将钻头对准标定的位置，尽可能使钻进方向垂直岩层结构面，以便起到更好的加固作用。

（3）钻孔结束时，保持锚杆外露段长度在 10 ～ 15 cm。钻孔应圆而直，钻孔方向宜尽量与岩层主要结构面垂直，锚杆孔径应大于杆体直径 15 mm。

（4）钻至设计深度后，用水或高压风清孔，确认畅通后卸下钻杆连接套。

（5）对于中空注浆锚杆，注浆时孔口压力为 0.7 ～ 1.0 MPa，达到压力时持续 15 min 即可终止注浆。注浆完成后，及时用水清洗注浆机及管路。

（6）在所注浆液强度达到预定强度之后，安装垫板，使其紧贴岩面，拧紧杆端螺母，使其产生一定的预应力，起到更好的加固围岩的作用。锚杆与垫板应保持垂直，并与喷射混凝土充分接触，螺母务必拧紧。

8.2.7 组合中空锚杆性能指标和施工应符合下列规定：

1）组合中空锚杆杆体的屈服力、最大力、断后伸长率、公称质量应符合表 8.2.7 规定。

表 8.2.7 组合中空锚杆杆体的屈服力、最大力、断后伸长率、公称质量

<table>
<tr><td rowspan="3">组合中空锚杆产品规格</td><td colspan="4">钢筋（牌号为 HRB335）</td><td colspan="3">中空锚杆体（牌号为 Q345）</td></tr>
<tr><td>屈服力/kN</td><td>最大力/kN</td><td>断后伸长率 A/ %</td><td>公称质量/（kg · m^{-1}）</td><td>屈服力/kN</td><td>最大力/kN</td><td>断后伸长率 A/ %</td></tr>
<tr><td colspan="4">不小于</td><td colspan="3">不小于</td></tr>
<tr><td>ϕ20</td><td>105</td><td>153</td><td rowspan="3">16</td><td>2.47</td><td>106</td><td>160</td><td rowspan="3">21</td></tr>
<tr><td>ϕ22</td><td>127</td><td>186</td><td>2.98</td><td>127</td><td>192</td></tr>
<tr><td>ϕ25</td><td>164</td><td>240</td><td>3.85</td><td>159</td><td>240</td></tr>
</table>

2）组合中空锚杆适用于拱部或锚孔上仰的部位。

3）组合中空注浆锚杆应采用钻孔壁与锚杆杆体间的空隙进浆。

4）组合中空锚杆用于锚孔向下倾斜的部位时，锚孔俯角不应大于 30°。

5）组合中空锚杆注浆时，砂浆经中空锚杆杆体的中空内孔从连接套上的出浆口进入锚孔壁与钢筋杆体间的空隙，锚孔内的砂浆由下向上充盈，锚孔内的空气从排气管排出直至回浆，注浆完成立即安装堵头，如图 8.2.7 所示。

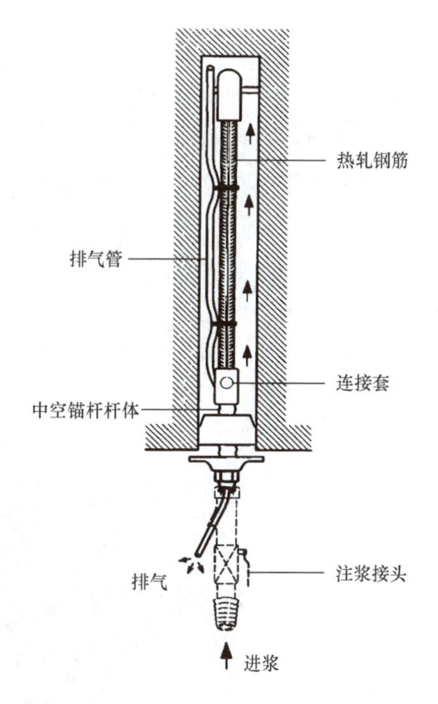

图 8.2.7 组合中空锚杆注浆工艺

8.2.8 自进式锚杆的施工应符合下列规定：

1）自进式锚杆安装前，应检查锚杆杆体中孔和钻头的水孔是否畅通。

2）锚杆杆体钻进至设计深度后，应用水或空气洗孔，直至孔口返水或返气，方可将钻机和钎尾卸下，并及时安装止浆塞。

3）锚杆灌浆料宜采用纯水泥浆或 1 : 1 水泥砂浆，水胶比为 0.4 ～ 0.5。采用水泥砂浆时砂子粒径不应大于 1.0 mm。

4）灌浆料由杆体中孔灌入，水泥石强度达 10.0 MPa 后方可拧紧螺母。

8.2.9 锚杆施工应在初喷混凝土后进行，以保证锚杆垫板有较平整的基面。

8.2.10 在围岩破碎、自稳时间短、地应力较大地段，应采用早强砂浆锚杆或早强中空注浆锚杆，也可采取增加锚杆数量、选用高强锚杆、加大锚杆长度和直径、加大钻孔直径、提高粘结材料的粘结性能等措施。

8.2.11 锚杆施工的质量（长度、粘结材料饱满度）可采用无损检测；端锚式锚杆应做锚杆扭力矩—锚固力关系试验，并用标定的力矩拧紧螺母（垫板）。

8.2.12　水下隧道、地下水有腐蚀作用的隧道，锚杆和锚固砂浆应采取相应的防腐措施。

8.3　钢筋网

8.3.1　钢筋网施工应符合国家现行《岩土锚杆与喷射混凝土支护工程技术规范》（GB 50086—2015）的规定。

8.3.2　钢筋网的材料应符合下列规定：

1）钢筋网材料宜采用 HPB300 级钢筋，钢筋直径宜为 6 ～ 8 mm。

2）网格尺寸宜采用 150 ～ 300 mm，搭接长度应为 1 ～ 2 个网格，搭接方式为焊接。

3）钢筋应冷拉调直后使用，钢筋表面不得有裂纹、油污、颗粒或片状锈蚀。

8.3.3　钢筋网铺设应满足下列要求：

1）钢筋网应在初喷混凝土后安装，钢筋网应与锚杆连接牢固。

2）砂层地段应先铺挂钢筋网，沿环向压紧后再喷射混凝土。

3）钢筋网应随受喷面的起伏铺设，与受喷面保持一定距离，并与锚杆或其他固定装置连接牢固。

4）开始喷射时，应减小喷头至受喷面的距离，并不断调整喷射角度。

5）喷射中如有脱落的石块或混凝土块被钢筋网卡住时，应及时清除。

6）钢筋网铺设实景如图 8.3.3 所示。

图 8.3.3　钢筋网铺设实景

8.4 钢架

8.4.1 钢架施工工艺流程如图 8.4.1 所示。

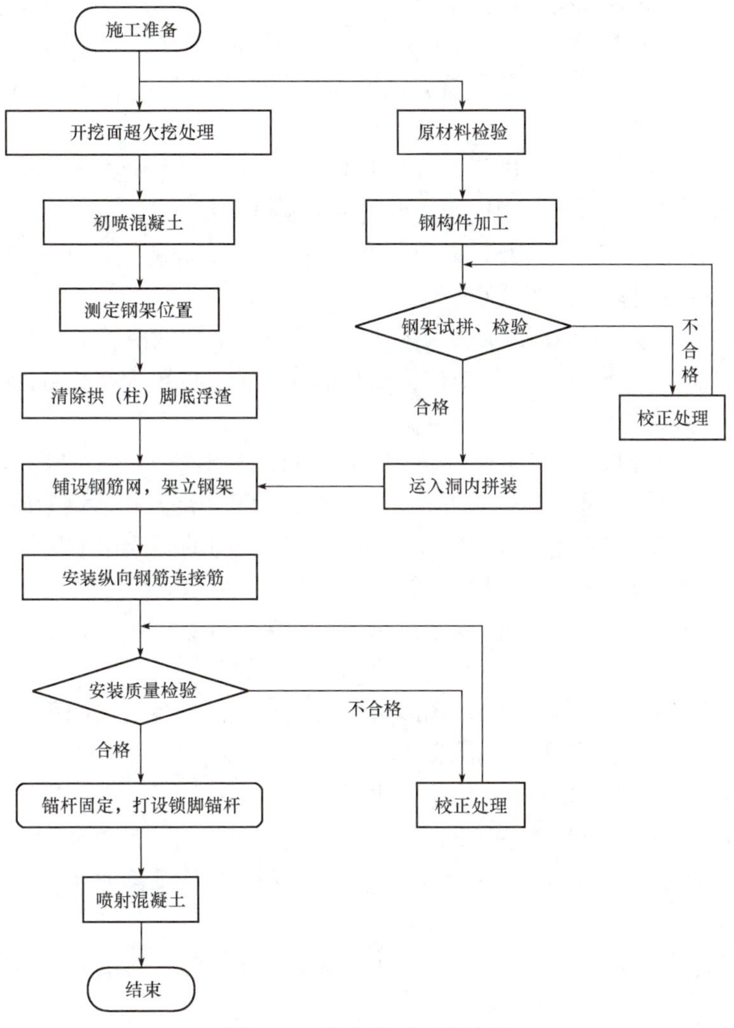

图 8.4.1　钢架施工工艺流程

8.4.2 钢架加工应符合下列规定：

1）宜选用钢筋、型钢等制成。

2）型钢钢架宜采用冷弯成型；格栅钢架应采用胎膜焊接，并以 1∶1 大样控制尺寸。

3）钢架加工的焊接不得有假焊，焊缝表面不得有裂纹、焊瘤等缺陷。

4）每榀钢架加工完成后应放在水泥地面上试拼，周边拼装允许误差为 ±3 cm，平面翘曲允许偏差应为 2 cm。

8.4.3 钢架安装应符合下列规定：

1）钢架应在开挖或初喷混凝土后及时架设。

2）安装前应清除底脚下的虚碴及杂物，钢架底脚应置于牢固的基础上。钢架安装允许偏差：钢架间距及其横向位置和高程的允许偏差为 ±5 cm，垂直度为 ±2°。

3）钢架拼装可在作业面进行，各节钢架间以连接板螺栓连接并密贴。

4）沿钢架外缘每隔 2 m 用钢楔或混凝土预制块楔紧。

5）钢架应尽量密贴围岩并与锚杆焊接牢固，钢架之间应按设计纵向连接。

6）钢架应尽量减少接头个数。

7）在膨胀性或地应力大的地层中，钢架接头宜采用能滑移的可缩式钢架。可缩接头处应预留 20 cm 左右宽的部位暂不喷射混凝土，待可缩接头合龙或围岩变形基本稳定后，再将预留部位喷射混凝土。

8）采用分部开挖法施工时，钢架拱脚应打设锁脚锚杆（或锚管），锚杆长度不小于 3.5 m，每侧数量为 2 ～ 3 组（每组 2 根）。下半部开挖后钢架应及时落底。

9）钢架应与喷射混凝土形成一体，钢架与围岩间的间隙用喷射混凝土充填密实；各种形式的钢架应全部被喷射混凝土覆盖，保护层厚度不得小于 4 cm。

10）开挖下台阶时，根据需要在拱脚下可设纵向托梁，把几排钢架（格栅）连成一个整体。

8.4.4 拱架加工。拱架在加工场冷弯分段制作，拱架各段之间采用连接角板、螺栓连接。拱架加工应符合下列要求：

1）拱架的加工焊接应符合钢筋焊接规定。

2）拱架加工成型以后要进行试拼，试拼符合设计要求之后方能用于安装。

3）加工成型的拱架应圆顺；允许偏差：拱架矢高及弧长为 0 ～ 20 mm，墙架长为 ±20 mm。

4）拱架组装后应在同一平面内，断面尺寸允许偏差：高度为 ±30 mm，宽度为 ±20 mm，扭曲度为 20 mm。

8.4.5 拱架安装。拱架安装应符合下列要求：

1）在马头门处需连续架设三榀拱架，以形成加强环梁，对已从中间破除的围护桩和上部土体具有一定的支撑作用；其余部位拱架间距为 500 mm。

2）每榀拱架安装时，要认真定位，不偏、不斜，轮廓要符合设计要求。拱架

的加工误差及变形值采取有效措施加以控制，采用冷弯加工，避免降低拱架强度及刚度。安装时使段与段之间的连接板结合紧密，不留有缝隙。误差太大或焊接质量达不到要求的拱架严禁使用。

3）在初期支护形成“闭合”结构前，为减少初支下沉量，每榀拱架安装时，均在其底部设一块“托板”，可使用适当厚度的方木，以增大受力面积，减少下沉量。

4）每榀上导洞拱架安装好后在其拱脚处设置两根锁脚锚杆，以限制初支下沉和防止初支向隧道内收缩变形。

5）锁脚锚杆采用人工砸入土体的方法，必要时可借助风镐，锁脚锚管必须注浆，注浆采用水泥浆，注浆压力控制在 0.3 ～ 0.5 MPa，粉质黏土可适当加大至 0.5 ～ 0.8 MPa。

6）拱架应架在与隧道轴线垂直的平面内，安装位置允许偏差：钢架纵向偏差为 ±30 mm，钢架横向偏差为 ±20 mm，高程偏差为 ±15 mm，垂直度为 5 %。

7）拱架安设正确后，纵向必须连接牢固，并与锁脚锚杆焊接成一个整体。

8.4.6 格栅钢架的制作。格栅钢架在钢筋加工厂采用冷弯分段制作，段与段之间可采用钢板和螺栓连接。加工完试拼合格后，运至现场安装。格栅质量必须符合下列条件：

1）加工做到尺寸准确，弧形圆顺；钢筋焊接或搭接长度满足设计要求，沿钢架两侧对称焊接成型时，钢架主筋中心与轴线重合，接头处相邻两节圆心重合，连接孔位准确。

2）加工成型的格栅钢架应圆顺；允许偏差：拱架矢高及弧长为 +20 mm，架长为 ±20 mm。

3）格栅钢架组装后应在同一个平面内，断面尺寸允许偏差为 ±20 mm，扭曲度为 20 mm。

4）格栅钢架各单元主筋、加强筋、连接角钢焊接成型，片与片之间用螺栓连接。

8.4.7 格栅钢架的安装。安装工作内容包括安装前的准备工作、定位测量和钢架安设。

1）安装前的准备工作。运至现场的单元钢架分单元堆码，并挂牌标识，以防用错。安设前进行断面尺寸检查，及时处理欠挖部分，安设前将格栅拱脚或墙脚部位的松碴清理干净，并垫上钢板或木板，防止钢架下沉或失稳。

2）定位测量。首先按控制中线架设格栅，按设计拱顶标高控制格栅顶部高程，然后检查格栅支距，格栅钢架设于曲线时，安设方向为该点的法线方向，安设于直线上时，安设方向垂直于线路中线，直线地段安装激光指向仪控制中线。

3）钢架安设。钢架与初喷混凝土之间紧贴，两榀钢架间沿周边设纵向连接筋，环形间距为 80 cm，形成纵向连接体系，并及时打入锁脚锚管或锚杆，锚杆应与格栅焊牢，然后挂设钢筋网片，绑扎在钢架的设计位置，并与格栅钢架连接牢固，然后喷射混凝土，封闭成环。

4）格栅架设质量要求。格栅钢架应架设在与隧道轴线垂直的平面内，安装位置允许偏差：与线路中线位置支距不大于 30 mm，垂直度为 5 %。格栅钢架保护层厚度应大于 25 mm，其背后应保证喷射混凝土密实。格栅钢架安设正确后，纵向必须用钢筋连接牢固，并与锁脚锚杆焊接成一整体。

8.4.8 钢筋网制作安装。钢筋网在工厂编制加工。网片加工、铺设应符合下列要求：

1）钢筋网所采用的钢筋型号和网格尺寸应符合设计要求。

2）钢筋网片铺设前必须进行除锈。

3）钢筋网片应与格栅钢架连接牢固，网片搭接长度不少于 20 cm。

4）网片铺设应紧贴支护面并保持 30 mm 的保护层。

8.5 初期支护背后回填注浆

8.5.1 初期支护背后回填注浆作业机具准备：注浆机，浆液拌浆机，空压机，搅拌桶。

8.5.2 材料准备：水泥，砂子，ϕ42 mm×3.25 mm 无缝钢管。

8.5.3 作业条件：

1）注浆前应清理预埋的注浆管，将管内杂物和混凝土清理干净。

2）注浆机压力表性能良好，高压管畅通。

3）对机械设备、风水管路、电缆线路等已进行全面检查及试运转。

4）具有良好的通风和足够的照明装置。

5）初支背后注浆，必须待喷混凝土完成 28 d 才能进行。

8.5.4 施工操作要点及要求：小导管采用 ϕ42 mm×3.25 mm 热轧钢管，长度为 80 cm，当有超挖时适当加长，注浆管迎水面位置应与围岩密贴。注浆管安装在空洞部位上侧或顶部。

8.5.5 浆液配制：注浆采用单液水泥浆，单液水泥浆由普通硅酸盐水泥和水搅拌而成。

8.5.6 灌注浆液：

1）注浆管路系统的试运转：设备就位后，对系统进行吸水试验检查，并接好风、水、电；检查管路系统能否耐压，有无漏水；检查管路连接是否正确；检查设备、机具性能是否正常，进行试运转，时间一般为 20 min。

2）注浆浆液用水泥浆，为实现连续注浆，配备 1 ～ 2 个贮浆桶。采用活性高、出厂日期不超过 3 个月的 42.5 级及以上普通硅酸盐水泥，水采用饮用水，水温不低于 6 ℃，pH 值为 5 ～ 8。

3）先压注无水孔，后压注有水孔。根据降水漏斗的原理，从拱顶顺序向下压注，如遇串浆或跑浆，则间隔一孔或几孔压注，相邻孔内流浆后及时堵塞继续压注浆液，确保达到预定压力。注浆压力由注浆泵的油压控制调节。为防止压浆速度过大，造成升压过快返浆、漏浆，进行间歇性反复注浆。

4）注浆管与注浆机连接好后，排出管内空气，调整好注浆压力，启动注浆机开始注浆，注浆应在距封闭成环的掌子面 5 m 外进行，注浆时先注两侧孔，后注拱顶孔。注浆压力一般为 0.3 ～ 0.5 MPa，注浆终压力为 0.5 MPa。注浆时，随时观测压力和流量变化。当压力逐渐上升，流量逐渐减少，注浆压力达到终压时，稳定 3 min，可结束本次注浆。

8.5.7 注浆完毕后，用棉纱封堵注浆管，为防止串浆，钻孔、注浆按上下、左右孔错开顺序进行，注浆终孔后及时关闭止浆阀。注浆停止 2 d 后，根据隧道的渗漏情况分区域重点注浆。

8.5.8 注浆施工应符合下列规定：

1）浆液配合比应符合设计要求。

2）初支背后注浆应保证回填密实。

3）注浆压力、注浆量应符合设计要求。

4）注浆孔的数量、布置、间距、孔深应根据探测结果设置。

5）注浆范围符合设计要求。

6）注浆应在初期支护混凝土强度达到设计强度后进行。

9 二次衬砌

9.1 一般规定

9.1.1 二次衬砌混凝土施工应符合有关规定。隧道二次衬砌结构混凝土应密实、表面平整光滑、曲线圆顺，满足设计强度、防水、耐久性的要求。

9.1.2 二次衬砌混凝土施工前应对水泥、细集料、粗集料、拌制和养护用水、外加剂、掺合料等原材料进行检验，各项技术指标应符合有关规定。

9.1.3 根据现场的具体情况，应适当增加二次衬砌的外放值（施工正误差），以免侵限。

9.1.4 隧道拱部超挖部分应采用与二次衬砌同强度等级混凝土一次浇筑。

9.1.5 二次衬砌施工的顺序是仰拱超前，墙、拱整体浇筑。边墙基础高度的位置（水平施工缝）应避开剪应力最大的截面，并按设计要求做防水处理。

9.1.6 混凝土生产应采用具有自动计量装置的拌合站、拌合输送车、混凝土输送泵、插入式与附着式组合振捣的机械化作业线。

9.1.7 二次衬砌的混凝土，从原材料的检验和选用、混凝土的配比和拌制、浇筑温度的控制和振捣到衬砌养护的各工序必须按要求操作，防止衬砌裂缝的产生。

9.2 二次衬砌施工

9.2.1 二次衬砌施工工艺流程如图 9.2.1 所示。

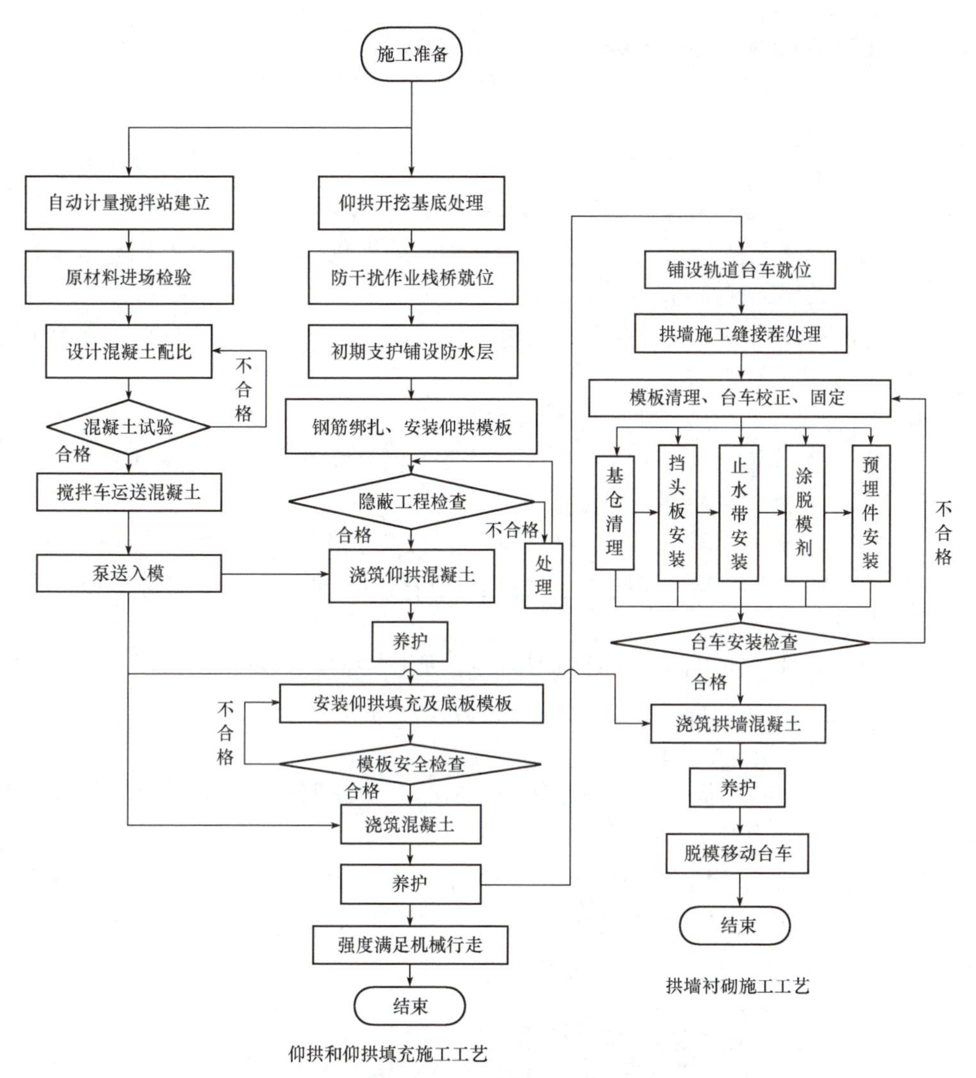

图 9.2.1 二次衬砌施工工艺流程

9.2.2 二次衬砌施作的条件应符合下列规定：

1）二次衬砌施作一般应在围岩和初期支护变形趋于稳定后进行，变形趋于稳定应符合：隧道周边变形速率明显下降并趋于缓和，或水平收敛（拱脚附近7 d平均值）小于0.2 mm/d、拱部下沉速度小于0.15 mm/d，或施作二次衬砌前的累计位移值已达极限位移值的80 %以上。

2）在隧道洞口段、浅埋段、围岩松散破碎段，应尽早施作二次衬砌，并应加强衬砌结构。

3）进行二次衬砌的作业区段的初期支护、防水层、环纵向排水系统等均已验

收合格；防水层表面粉尘已清除干净。

4）防水层铺设位置应超前二次衬砌施工 18 ～ 24 m。

5）隧道中线、高程、断面尺寸必须符合设计要求。

6）仰拱上的填充层或铺底调平层已施工完毕；地下水已合理引排；施工缝已按设计处理合格；基础部位的杂物及积水必须清理干净。

7）模板台车、拌合站、运输车、输送泵、捣固机械等处于可正常运转状态，设备能力可满足二次衬砌混凝土施工的需要。

8）二次衬砌作业区段的照明、供电、供水、排水系统能满足衬砌正常施工要求，隧道内通风条件良好。

9.2.3 仰拱和底板施工应符合下列规定：

1）施工前，应将隧底虚碴、杂物、泥浆、积水等清除干净，并用高压风将隧底吹洗干净，超挖应采用同级混凝土回填。

2）仰拱超前防水层铺设的距离宜保持 1 ～ 2 倍二次衬砌循环作业长度。

3）仰拱的整体浇筑应采用防干扰作业栈桥等架空设施，以保证作业空间和新浇筑混凝土结构不受损坏。

4）仰拱开挖后应及时施作仰拱混凝土，仰拱或底板混凝土应整体浇筑，一次成形，填充混凝土应在仰拱混凝土终凝后进行。

5）仰拱施工缝和变形缝应做防水处理。

6）仰拱填充和底板混凝土强度达到 5 MPa 后允许行人通行，达到设计强度的 100 %后允许车辆通行。

9.2.4 模板台车设计加工应满足下列要求：

1）在浇筑混凝土后应保证隧道净空，门架结构的净空应满足洞内车辆和人员的安全通行。模板台车实景如图 9.2.4 所示。

图 9.2.4 模板台车实景

2）模板台车应具有足够的动荷载刚度和强度，安全系数应在动荷载的1.6倍以上，行走系统应具有足够的牵引力和牢固的结构。宜采用43 kg/m以上的钢轨为行走轨道。

3）面板厚度不宜小于10 mm。

4）模板台车长度：直线隧道宜为9～12 m，曲线隧道宜为6～9 m。

5）边墙工作窗应分层布置，层高不宜大于1.5 m，每层的间距宜为2 m左右，其净空不宜小于45 cm×45 cm，并设有相应的混凝土输送管支架或吊架；模板的横纵接缝、铰接缝、工作窗口应严密，铰接轴应灵活，能达到伸缩自如与开启的要求。

6）模板台车应考虑通风管的穿越形式。

7）应设置足够的支撑螺杆和模板径向支撑螺杆。

8）安装的附着式振动器应能单独启动。

9）应有模板微调机构和锁定机构。

10）拱顶部位应预留不少于2个注浆孔。拱部应具有整体性，以实现顶缸的同步或单步升降。

11）侧模单侧应具有较强的整体性，各丝杠支点具有较高的承压强度。

12）整体台车应具有在坡道上衬砌时的抗溜坡性能和抗上浮性能。

9.2.5 模板台车的使用应满足下列要求：

1）曲线隧道台车就位应考虑内外弧长差引起的左右侧搭接长度的变化，以使弧线圆顺，减少接缝错台。

2）模板应与混凝土有适当的搭接（≥10 cm，曲线地段指内侧），撑开就位后检查台车各节点连接是否牢固，有无错动、移位情况，模板是否翘曲或扭动，位置是否准确，保证衬砌净空。

3）浇筑混凝土时，混凝土最大下落高度不能超过2 m，台车前后混凝土高度差不能超过0.6 m，左右混凝土高度差不能超过0.5 m，严禁单侧一次浇筑超过1 m以上。

4）应优先采用插入式振捣器进行混凝土振捣，当采用附着式振动时，振动时间尽量采用短时间、多次数左右对称的方法，防止台车因振动时的微移位或弹性变形。

5）进入曲线地段后，调整台车支撑系统的液压丝杆，按设计净空调高调宽。台车调整好后必须经监理复查合格，方可进行混凝土灌筑。

9.2.6 二次衬砌拆模应符合下列规定：

1）在初期支护变形基本稳定后施作的二次衬砌混凝土强度应达到8 MPa以上。

2）初期支护未稳定提前施作的二次衬砌混凝土强度应达到设计强度的100 %。

3）拆模时混凝土内部与表层、表层与环境之间的温差不得大于20 ℃，结构内外侧表面温差不得大于15 ℃；混凝土内部开始降温前不得拆模。

4）二次衬砌拆模后内景如图 9.2.6 所示。

图 9.2.6　二次衬砌拆模后内景

9.2.7　二次衬砌施工风险控制措施：

1）衬砌台车上应做好安全防护措施。工作台、跳板、脚手架的承载质量，应在现场挂牌标明。吊装拱架、模板时，作业场所应设专人监护。复合式衬砌防水层的施工台架应牢固，台架下净空应满足施工需要，作业时应设警示标志或专人防护。检查、维修混凝土机械、压浆机械及管路时，应停机并切断电源、风源。

2）现浇混凝土二次衬砌一般在隧道初期支护变形稳定后进行，施工前安设要求分段拆除初期支护的临时支撑。

3）模板及其支撑体系的强度、刚度、稳定性应满足施工阶段荷载的要求，并在施工设计时制定支设、移动、拆除作业的安全技术措施。模板及其支撑体系支设完成后，应进行检查、验收，确认合格并形成文件后，方可浇筑混凝土。使用模板台车和滑模时，应进行专项设计，规定相应的安全操作细则。拱墙模板架及台车下应留足施工净空，衬砌作业点应设明显的限界及缓行标志。

4）钢筋绑扎工程，钢筋骨架呈不稳定状态时，需设临时支撑架。钢筋骨架未形成整体且稳定前，严禁拆除临时支撑架。有外包防水措施的，须在绑扎二衬钢筋之前按设计和规范及时施作防水层。

5）每仓端部和浇筑口封堵模板需安装牢固，不能漏浆。作业中发现模板发生移位或变形时，应立即停止浇筑，经修理、加固，确认安全后，方可恢复作业。拆卸混凝土输送管道时，应先停机。

6）仰拱上的运输道路应搭设牢固，当向隧道下卸混凝土时，非卸车人员应避让至安全地点。

9.3 衬砌钢筋施工

9.3.1 钢筋混凝土中钢筋质量指标：屈服强度、抗拉强度、伸长率和冷弯试验，应符合现行国家标准《钢筋混凝土用钢　第1部分：热轧光圆钢筋》（GB/T 1499.1—2017）、《钢筋混凝土用钢　第2部分：热轧带肋钢筋》（GB/T 1499.2—2018）、《低碳钢热轧圆盘条》（GB/T 701—2008）等的规定和设计要求。

9.3.2 钢筋的储存、运输、加工、安装应满足耐久性混凝土施工和设计的要求。

9.3.3 衬砌钢筋的规格、型号、机械性能、化学成分、可焊性等符合规范规定和设计要求，钢筋进场后必须进行复检、抽样检查，合格后方可投入使用。

9.3.4 钢筋弯曲应采用冷弯，不允许热弯。同时，钢筋表面洁净，无损伤、锈蚀、油污。

9.3.5 钢筋焊接焊工必须持证上岗，在正式焊接前，必须按实际施工条件焊接试样进行试验，合格后才能进行焊接施工。

9.3.6 衬砌钢筋的受力钢筋采用焊接接头时，焊接接头应相互错开，错开距离为35d（d为钢筋直径），且不少于50 cm。受力钢筋接头面积占受力钢筋总截面面积的百分比为：受拉区不超过50 %，受压区和装配构件连续处不限制。

9.3.7 焊接接头距弯曲处的距离不应小于10d（d为钢筋直径），也不应位于构件最大弯矩处。

9.3.8 钢筋交叉点应用钢丝全部绑扎牢固，至少不少于90 %，钢筋绑扎接头搭接长度及误差应符合规范及设计要求。

9.3.9 钢筋在隧道内衬砌工作面焊接施工时必须设必要的防护措施，严禁钢筋绑扎、焊接损伤防水层。钢筋加工完成后，必须对衬砌区的防水层认真检查，重新验收，确保无损伤后进行施工，否则必须采取补救措施。

9.4 衬砌混凝土施工

9.4.1 衬砌混凝土材料应符合表9.4.1的规定。

表 9.4.1 衬砌混凝土材料的技术要求

材料名称	技术要求
水泥	1）水泥宜选用硅酸盐水泥或普通硅酸盐水泥，水泥混合料宜采用矿渣或粉煤灰，水泥的强度等级不应低于 42.5 级，不宜使用早强水泥。 2）有耐硫酸盐侵蚀要求的混凝土也可选用中抗硫酸盐硅酸盐水泥或高抗硫酸盐硅酸盐水泥。 3）不得使用过期或受潮结块的水泥，并不得将不同品种或强度等级的水泥混合使用
细集料	1)应优先选用天然中粗河砂，也可选用采用专门机组生产的人工砂，不宜采用山砂，不得使用海砂。 2）含泥量不应大于 3%，泥块、云母、轻物质、硫化物或硫酸盐含量（折算为 SO_3）含量不应大于 0.5%，Cl^-含量不大于 0.02%，吸水率应不大于 2%。 3）中级细集料细度模数应为 3.0 ～ 2.3，粗细集料细度模数应为 3.7 ～ 3.1
粗集料	1）粗集料宜选用级配合理、粒性良好、质地均匀坚固、线胀系数小的洁净碎石或碎卵石，不宜采用砂岩碎石，松散堆积密度应大于 1 500 kg/m^3，紧密空隙率宜小于 40%。 2）含泥量不应大于 1%，泥块含量不大于 0.25%，硫化物或硫酸盐含量（折算为 SO_3）含量不应大于 0.5%，Cl^-含量不大于 0.02%，针片状颗粒总含量不大于 10%，吸水率应不大于 2%
水	1）拌制混凝土所用的水，应符合现行《混凝土用水标准》（JGJ 63—2006）的规定，pH 值大于 4.5，不得采用海水。 2）钢筋混凝土用水：不溶物小于 2 000 mg/L，可溶物小于 5 000 mg/L，氯化物（以 Cl^-计）小于 1 000 mg/L，硫酸盐（以 SO_4^{2-}计）小于 2 000 mg/L，碱含量（以当量 Na_2O 计）小于 1 500 mg/L。 3）素混凝土用水：不溶物小于 5 000 mg/L，可溶物小于 10 000 mg/L，氯化物（以 Cl^-计）小于 3 500 mg/L，硫酸盐（以 SO_4^{2-}计）小于 2 700 mg/L，碱含量（以当量 Na_2O 计）小于 1 500 mg/L
外加剂	应符合现行国家标准《混凝土外加剂》（GB 8076—2008）、《混凝土外加剂应用技术规范》（GB 50119—2013）或行业标准一等品及以上的质量要求和其他有关环境保护的规定，品种和掺量应经试验确定
掺合料	矿物掺合料应选用品质稳定的产品。矿物掺合料的品种宜为粉煤灰、磨细粉煤灰、矿渣或硅灰

9.4.2 混凝土性能应符合下列规定：

1）混凝土的强度必须符合设计要求。混凝土抗压强度在标准条件下养护的试件，试验龄期为 28 d，抗压强度试件应在混凝土的浇筑地点随机抽样制作，其试件的取样与留置频率应符合相关规定。

2）混凝土应制作抗压强度同条件养护法试件。其取样、养护方式和试件留置数量应符合相关的规定，且抗压强度必须符合设计要求。

3）混凝土的弹性模量必须符合设计要求。弹性模量试件应在混凝土的浇筑地点随机抽样制作，试件制作数量应符合相关的规定。

4）混凝土的抗渗等级应符合设计要求。抗渗试件应在混凝土的浇筑地点随机抽样制作。

5）混凝土的早期强度，在不掺缓凝剂的情况下，要求 12 h 标养试件抗压强度不大于 8 MPa 或 24 h 标养试件不大于 12 MPa。

9.4.3 混凝土配合比应符合下列规定：

1）混凝土应根据强度等级、耐久性等要求和原材料品质以及施工工艺等进行

配合比设计。混凝土配合比应通过计算、试配、调整后确定。配制的混凝土拌合物应满足施工要求，配制成的混凝土应满足设计强度、耐久性等的质量要求。当设计对混凝土的耐久性指标无具体要求时，应按相关要求确定。

2）混凝土中的碱含量应符合设计要求。设计无具体要求的，当集料的碱－硅酸反应砂浆棒膨胀率为 0.10 % ～ 0.20 % 时，混凝土的碱含量应符合相关的规定；当集料的砂浆棒膨胀率为 0.20 % ～ 0.30 % 时，除了混凝土的碱含量应满足相关的规定外，应在混凝土中掺加具有明显抑制效能的矿物掺合料和外加剂，并经试验证明抑制有效，试验方法可采用相关规定的方法。

3）钢筋混凝土中由水泥、矿物掺合料、集料、外加剂和拌合用水等引入的氯离子总含量不应超过胶凝材料总量的 0.10 %。

4）混凝土的最大水胶比和单方混凝土胶凝材料的最低用量应满足设计要求。当设计无具体要求时，应满足相关的规定。胶凝材料的抗蚀系数不得小于 0.8。试验方法按相关规定进行。

9.4.4 混凝土的拌合应符合下列规定：

1）混凝土的拌合应采用拌合机拌合并严格控制拌合时间，拌合时间不应小于 3 min。

2）混凝土拌制前，应测定砂、石含水率，并根据测试结果、环境条件、工作性能要求等及时调整施工配合比。

3）混凝土原材料每盘称量偏差应符合相关的规定。

4）混凝土拌制过程中，应对混凝土拌合物的坍落度进行测定，测定值应符合理论配合比的要求，并应对混凝土拌合物的水胶比进行测定，测定值应符合施工配合比的要求。

5）混凝土拌合物的入模含气量应满足设计要求。当设计无具体要求时，含气量应按相关的要求控制。

9.4.5 混凝土运输应符合下列规定：

1）预拌混凝土用混凝土搅拌运输车运输，装料前把筒内积水排清，在运输途中，拌筒以 1 ～ 3 r/min 速度进行搅拌，防止离析。搅拌车到达施工现场卸料前，使拌筒以 8 ～ 12 r /min 转 1 ～ 2 min，然后进行反转卸料。

2）现场内通行派专人负责疏导车辆，统一协调指挥，以便混凝土能满足连续浇筑施工的需要。

9.4.6 混凝土进场验收应符合下列规定：

1）搅拌车在卸料前不得出现离析和初凝现象。现场取样时，以搅拌车卸料 1/4 后至 3/4 前的混凝土为代表，取样、试件制作、养护均由供需双方共同签证认可。

2）混凝土拌合物质量检验及控制。在搅拌站，混凝土搅拌完毕抽检其坍落度，

每工作班随机取样不得少于 2 次（每班第一盘除外），其检验结果作为搅拌站混凝土拌合物质量控制的依据。

商品混凝土运送到施工现场后，在浇筑前，抽检混凝土坍落度，每 100 m^3 混凝土或每工作班随机取样不得少于 2 次，不足 100 m^3 混凝土按 100 m^3 取。施工现场的检验结果作为混凝土拌合物质量的评定依据。混凝土到达现场测定的坍落度与出站前测定的坍落度允许偏差不大于 20 mm。

3）混凝土强度的检验与评定。搅拌站按规定抽取的混凝土试样制作试件后，在标准条件下养护至 28 d，其强度作为硬化后混凝土质量控制的依据。

连续浇筑混凝土量为 500 m^3 以下时，留两组抗渗试块，每增加 250 ～ 500 m^3 增留两组抗渗试块。如使用的原材料、配合比或施工方法有变化，均另行留置试块。试块在浇筑地点制作，其中一组在标准条件下养护，另一组与现场相同条件下养护，试块养护期不得少于 28 d。混凝土强度分批进行验收，每个验收项目按相关规范确定，同一批验收的混凝土强度，以同批内全部标准试件的强度代表值来评定。在制作标养试件的同时，制作适量的快速养护强度检验的试件，以作为质量控制过程中施工工艺和配合比调整的依据。

9.4.7 混凝土浇筑与振捣应符合下列规定：

1）混凝土浇筑前对模板表面进行彻底打磨，清除锈斑，涂油防锈。

2）混凝土浇筑段的端模（堵头板），应有防止漏浆的措施。

3）采用高效减水剂时，混凝土应做现场坍落度检查，泵送混凝土一般以 15 ～ 18 cm 为宜（采用减水剂后，混凝土坍落度可降低）。

4）混凝土应对称、分层浇筑，分层捣固。捣固宜采用插入式振动器。

5）防止拱部混凝土浇筑出现空穴，拱部宜配制流态混凝土浇筑。

6）混凝土泵送的坍落度不宜过大以避免离析或泌水。如发现坍落度不足，不得擅自加水，应在技术人员的指导下用追加减水剂的方法解决。

7）混凝土浇筑中两侧混凝土浇筑面高差宜控制在 50 cm 以内，同时应合理控制混凝土浇筑速度；浇筑混凝土时，不得直接冲向防水板板面流至浇筑位置，以防混凝土离析。

8）插入式振动棒在混凝土中移位时，应竖向缓慢拔出，不得在混凝土浇筑仓内平拖。泵送下料口应及时移动，不得用插入式振动棒将下料口处堆积的拌合物推向远处，振捣时间宜为 10 ～ 30 s；混凝土振捣时，振捣棒不得接触防水板，以防防水板受到损伤。

9）施工缝的留设位置和处理应符合设计要求；施工过程中，输送泵应连续运转，泵送连续浇筑，避免停歇造成“冷缝”，间歇时间超过规范要求时，按施工缝处理。

10）当混凝土浇筑至作业窗下 50 cm，作业窗关闭前，应将窗口附近的混凝土浆液残渣及其他脏物清理干净，涂刷脱模剂，将其关闭严密，防止窗口部位混凝土表面出现凹凸不平的补丁甚至漏浆现象。

11）使用插入式振动器快插慢拔，插点要均匀排列，逐点移动，按顺序进行，不得遗漏，做到均匀振实，每点振动 20 ～ 30 s，移动间距不大于振动棒作用半径的 1.5 倍（一般为 300 ～ 400 mm），振捣上一层时插入下层混凝土面 50 mm，以消除两层间的接缝，以混凝土表面不再显著下降、不再出现气泡、表面泛出砂浆为准。

9.4.8 混凝土浇筑中的温度控制应符合下列规定：

1）混凝土的入模温度应按洞内温度调整。

2）冬期施工时，混凝土的入模温度不应低于 5 ℃；夏期施工时，混凝土的入模温度不宜高于洞内温度且不宜超过 30 ℃。

3）施工过程中要估计混凝土温度与拉应力的变化，提出混凝土温度的控制值，并在施工养护过程中实际测定关键截面的中部点温度和离表面约 5 cm 深处的表层温度（包括仰拱和底板），实行严格的温度控制。

4）二次衬砌结构任一截面在任一时间内的内部最高温度与表层温度之差不宜大于 20 ℃，新浇筑混凝土与上一区段衬砌混凝土或围岩之间的温差不大于 20 ℃，洒于混凝土表面的养护水温度低于混凝土表面温度的差值不大于 15 ℃。

5）混凝土的降温速率最大不宜超过 3 ℃ /d。

9.4.9 预留洞室、预埋件的固定应符合下列规定：

1）钢筋混凝土衬砌地段，预留、预埋件应固定在钢筋骨架上。

2）混凝土衬砌地段采取在衬砌台车模板上钻孔，用螺栓固定预留、预埋件。

9.4.10 混凝土成品保护措施应符合下列规定：

1）施工方法控制措施：大体积混凝土施工时内部应适当预留一些孔道，在内部通循环冷水或冷气冷却，降温速度不应超过 0.5 ～ 1.0 ℃ /h。对大型设备基础可采用分块分层浇筑，以利于水化热散发和减少约束作用。此外，还应加强混凝土的浇灌振捣，提高密实度。尽可能晚拆模，拆模后混凝土表面温度不应下降 15 ℃以上。尽量采用两次振捣技术，以改善混凝土强度，提高抗裂性。

2）混凝土浇筑完毕后，混凝土养护的最低期限应符合相关的规定，且不得中断。混凝土养护期间，混凝土内部温度不宜超过 60 ℃，最高不得高于 65 ℃；混凝土内部温度与表面温度之差、表面温度与环境温度之差不宜大于 20 ℃，养护用水温度与混凝土表面温度之差不得大于 15 ℃。当采用养护剂养护时，养护剂应符合《水泥混凝土养护剂》（JC 901—2002）的规定。

3）混凝土施工时，必须搭设行走马道，不得踩踏钢筋，不得触动预埋件、插筋和模板，确保钢筋和垫块位置正确，模板支设牢固和拼缝严密。

4）已浇筑混凝土的上表面要加以保护，必须在混凝土强度达到 1.2 MPa 后，方可在面上进行操作及安装结构用的支架和模板。

5）拆除模板时，不得用大锤、撬棍硬砸猛撬，以免损坏模板及混凝土外观。所有混凝土阳角必须进行保护，柱拆模后应先覆盖塑料薄膜再做 1.2 m 高多层板护角。

9.4.11　二次衬砌施工中裂（纹）缝的处理应满足下列要求：

1）当混凝土施工过程中出现裂（纹）缝，应记录裂（纹）缝出现的时间、部位、尺寸和处理等情况。

2）拆模后应对渗漏水部位进行衬砌内注浆，并对渗水部位混凝土裂纹进行处理。对 0.2 mm 以下的细小裂纹，采取密封剂封闭裂纹；对于裂纹宽度大于 0.2 mm 的裂缝，采用压注注缝胶修补。必要时，对裂缝部位混凝土表面实行涂膜封闭。

9.5　二衬背后回填注浆

9.5.1　二次衬砌拱顶回填注浆常用的方法为注浆导管法（预留注浆孔法、纵向预留管道法）及防水板焊接注浆底座法，施工中可根据实际需要选用。

9.5.2　二次衬砌混凝土强度达到设计强度 100 %后应进行拱顶回填注浆。

9.5.3　注浆导管法：在模板台车拱顶处设锥形堵头或预留注浆孔，注浆孔间距宜为 5 ～ 6 m，或者穿过挡头板在拱顶防水层内纵向贴置 PVC 管埋设纵向预留管道（图 9.5.3）。在二衬混凝土终凝后，实施补充注浆并应满足下列要求：

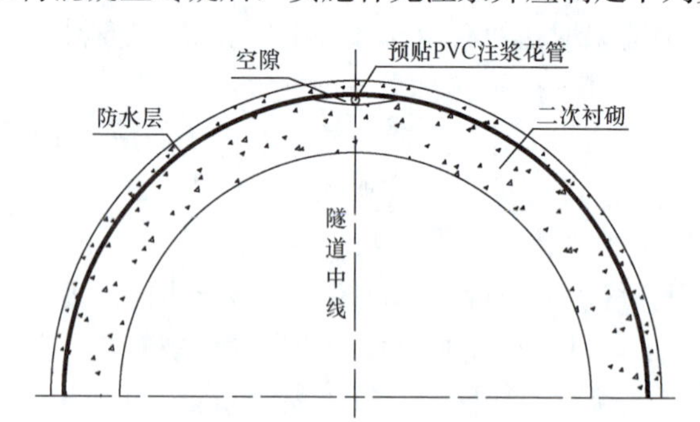

图 9.5.3　预贴 PVC 注浆花管处理拱顶干缩性空隙示意图

1）注浆管用 ϕ32 mm 钢管制成，长度等于衬砌厚度加 200 mm（外露），外露端应有连接管路的装置。注浆管应在衬砌浇筑时预埋或采用钻孔埋设法，钻孔时钻杆应有限深装置，防止钻破防水层。

2）预贴注浆花管采用 ϕ20 ～ 30 mmPVC 管，长度等于衬砌段长度加 200 mm（外露），外露端应有连接管路的装置。

3）回填注浆压力宜控制在 0.2 MPa 以内。

4）回填注浆应采用微膨胀性的水泥砂浆，有特殊要求的地段可采用强度高、流动性好的自流平水泥浆。自流平水泥浆 3 min 后的流动度为不小于 260 mm，30 min

后的流动度为不小于 240 mm。

5）待孔口封堵材料达到一定强度后，才能开始注浆。

6）注浆顺序宜沿线路上坡方向进行，注浆过程中时刻观察注浆压力和流量变化。

7）当注浆压力达到 0.2 MPa 或相邻孔出现串浆时，即可结束本孔注浆。

9.5.4 拱部防水板焊接注浆底座法应满足下列要求：

1）注浆系统包括注浆底座和注浆导管，注浆底座的材质必须与防水板材质相同，注浆底座沿拱顶纵向一排，间距 3 ～ 4 m。

2）注浆底座采用热熔焊接法固定在防水板的内表面（图 9.5.4），固定点不得多于 4 个，每处的焊接面不大于 10 mm×10 mm。

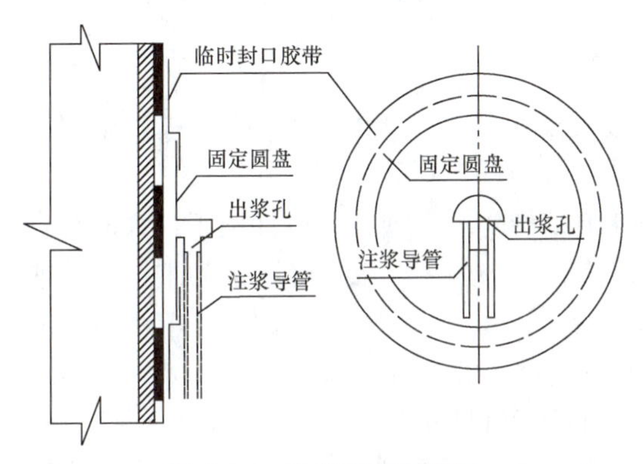

图 9.5.4 注浆底座安装图

3）注浆底座与防水板必须焊接牢固、可靠，避免浇筑和振捣混凝土时脱落。

4）用塑料胶粘带将注浆底座四周封闭，避免浇筑混凝土时浆液进入注浆底座内堵塞注浆导管，注浆导管的引出部位可根据现场的条件确定。

9.5.5 注浆效果检查可采用无损检测法，对于不符合要求的地段必须进行补孔注浆。

10 结构防水

10.1 一般规定

10.1.1 矿山法隧道防水施工应遵循“以防为主，刚柔结合，多道设防，因地制宜，综合治理”的原则，采取与其相适应的防水措施。

10.1.2 矿山法隧道结构防水必须按照设计施工，并应符合下列规定：

1）应以混凝土结构自防水为主，以接缝防水为重点，并辅以防水层加强防水，满足结构使用要求。

2）防水混凝土抗渗等级不得低于 P8。

3）应做好施工缝和变形缝防水。

4）兼做联络通道的横通道及其他与正洞连接的附属工程，其防水系统应与正洞同标准完成。

10.1.3 防水施工应积极采用经过试验和鉴定并经实践检验行之有效的新材料、新工艺、新技术，根据工程的水文地质条件、耐久性要求、施工技术水平、防水等级，选用适宜的材料。

10.1.4 隧道工程施工前应对附近的地表水和地下水等进行调查，必要时进行观测和试验，及时采取相应的措施。

10.1.5 当矿山隧道处于富水地层中，地层的渗透性较好，不会因降水引起地面过大沉降时，为了保持开挖面的干燥或少水状态，以便安全、快速施工，可在施工前降水。

10.2 注浆防水

10.2.1 隧道工程施工应根据地质情况、掘进和支护的方式、支护预期的变形

量、相邻隧道的相互影响及其他构筑物的位移、沉降、水资源保护的要求进行注浆防水方案的选择。

10.2.2 对地质预测、预报有大量涌水的软弱地层地段，宜采用地表或洞内全封闭超前预注浆。

10.2.3 在开挖后有渗漏水或大股涌水时，宜采用支护前围岩注浆。

10.2.4 当初期支护表面有超出设计允许的渗漏水时，应用回填注浆或径向注浆进行处理。

10.2.5 二次衬砌后有渗漏水时应采用衬砌内注浆。

10.2.6 富水隧道宜采用分区隔离防排水技术，区段的长度应根据洞内渗漏水量的大小确定，富水地段可按二次衬砌段长度分区，分区采用带注浆管的背贴式止水带，发生渗漏水时可进行注浆，并应符合下列规定：

1）每个防水分区内埋设注浆圆盘底座（嘴）和注浆软管，具体方法为：将专用注浆圆盘（嘴）点焊在防水板上，周边用密封膏（胶带）密封，防止二次衬砌混凝土施工时水泥浆液堵塞注浆嘴；将软管一端接在注浆嘴上，另一端引至二次衬砌内表面集中面板上，逐一编号，待二次衬砌背后某处漏水需要注浆时，根据该处编号进行注浆堵水。

2）采用分区防水的区段，注浆顺序为先进行拱顶处回填注浆，再进行背贴式止水带上花软管注浆，最后进行分区的注浆嘴注浆。

10.3 结构防排水

10.3.1 结构防排水施工工艺流程如图 10.3.1 所示。

10.3.2 铺设排水管、防水板前应对初期支护采用简单易行的锤击声检查，必要时辅以物探手段；对初期支护的渗漏水情况进行检查，并应符合下列规定：

1）初期支护表面应平整，无空鼓、裂缝、松酥，并用喷射混凝土（或砂浆）对基面进行找平处理。

2）初期支护表面应符合铺设防水板的平整度要求。

10.3.3 初期支护面的处理应满足下列要求：

1）钢筋网等凸出部分，先切断后用锤铆平，抹砂浆（图 10.3.3-1）。

2）有凸出的注浆管头时，先切断并用锤铆平，后用砂浆填实（图 10.3.3-2）。

3）锚杆有凸出部位时，螺头顶预留 5 mm 切断后，用塑料帽遮盖（图 10.3.3-3）。

4）通过补喷或凿除，使初期支护表面平整、圆顺。

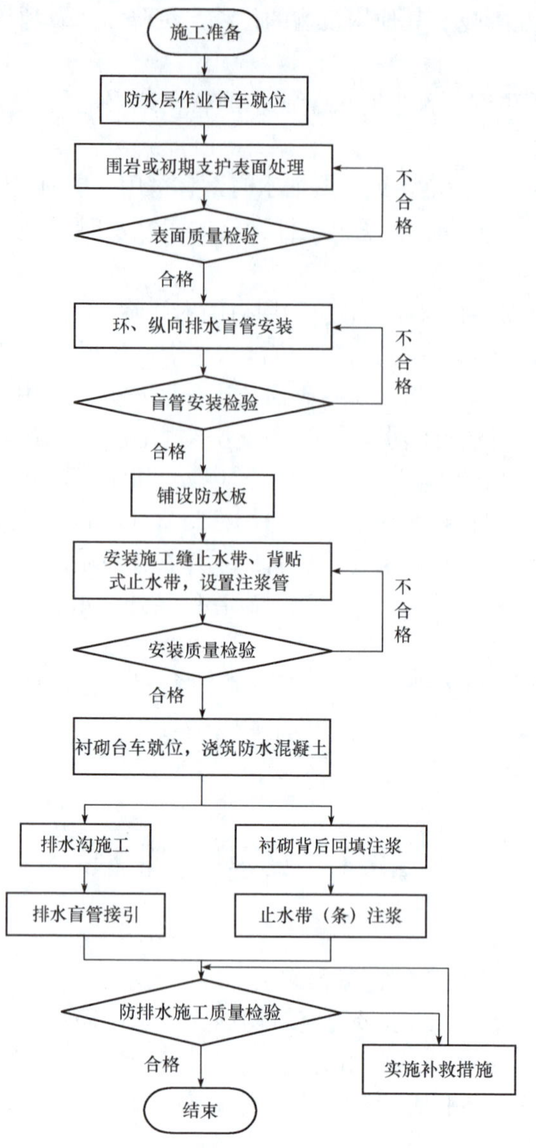

图 10.3.1　结构防排水施工工艺流程

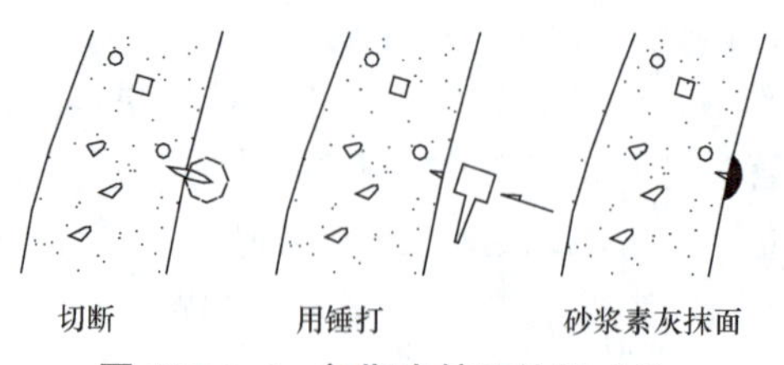

图 10.3.3-1　初期支护面处理（1）

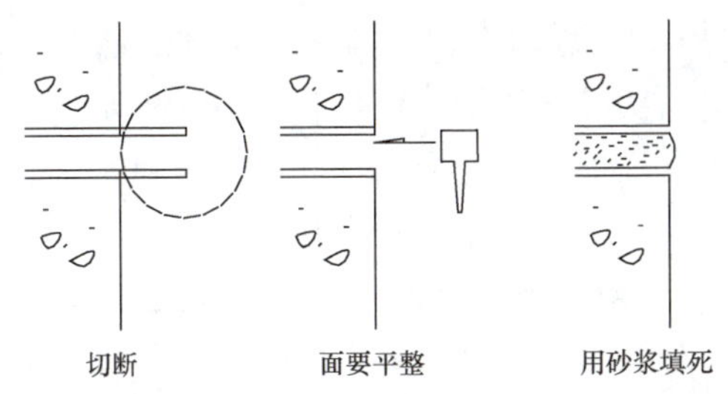

图 10.3.3-2　初期支护面处理（2）

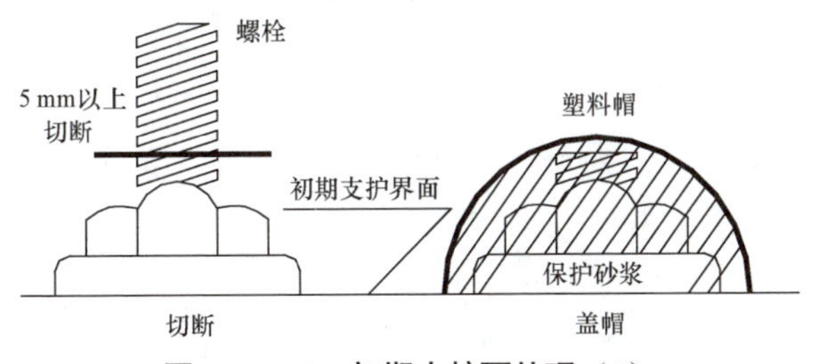

图 10.3.3-3　初期支护面处理（3）

10.3.4　排水纵向、横向、环向盲管和中心排水管(沟)的施工应符合下列规定：

1）环向排水盲管沿纵向设置的间距应满足设计要求，并应根据洞内渗、漏水的实际情况调整设置排水盲管，纵向排水盲管安装坡度应符合设计要求，通向水沟的泄水管应有足够的泄水坡。

2）排水盲管应紧贴喷射混凝土面安设。施工中应采取适当的保护措施，防止水泥浆窜入、堵塞排水盲管。横向排水盲管接头应牢固、水路通畅。环向、纵向、横向排水盲管应通过变径三通连接在一起，整个排水系统的连接应牢固、畅通。

3）排水盲管应固定牢固，施工方法应满足下列要求：

（1）按规定画线，确保盲管间距符合设计要求，确保盲管布设位置能有效汇水。

（2）管卡的间距应确保固定盲管牢固。

（3）用土工布包裹盲管，用扎丝捆好，用管卡固定。

（4）防水板后渗漏水应采用横向排水管与侧沟、中心水沟连通。

（5）中心排水管（沟）管径符合设计要求，管身不得变形、不得有裂缝，管身上部透水孔畅通。中心排水管（沟）基础的总体坡度、段落坡度、单管坡度应协调一致，并符合设计要求，不得高低起伏。管路埋设好后，应进行通水试验，发现漏水、积水，立即处理。

10.3.5　边墙泄水孔应在浇筑边墙基础（矮边墙）时埋设好，施工时应防止异物堵塞孔口。

10.3.6 在隧道埋深大、节理发育、地下水丰富的情况下，为保证衬砌结构外围排水畅通，消除衬砌结构静水压力，可在初期支护（喷射混凝土层）完成之前视情况埋设排水半管或线形排水板，形成暗埋、永久式排水通道系统，将水引入隧道纵向排水管或通过盲沟（管）引入排水沟排出洞外。

10.3.7 隧道防水板应采用分离式防水板，首先进行缓冲层铺设，然后铺设塑料防水板，防水层施工工艺流程如图 10.3.7 所示。

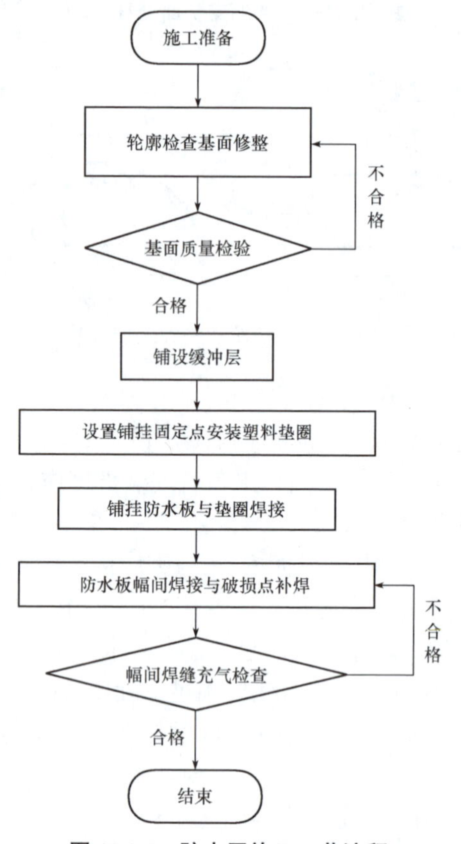

图 10.3.7　防水层施工工艺流程

10.3.8 防水板铺设基层处理应满足下列要求：

1）防水板铺设应超前二次衬砌施工 1～2 个衬砌段长度，形成“初期支护表面整修→防水板铺挂→防水板质量检验→二次衬砌施工”的流水作业线。防水板实景如图 10.3.8 所示。

图 10.3.8　防水板实景

2）铺设防水卷材的基面应无明水流，否则应进行初支背后的注浆或表面刚性封堵处理，待基面上无明水流后才能进行下道工序。

3）铺设防水卷材的基面应平整，铺设防水板前应对基面进行找平处理，可采用喷射混凝土或砂浆抹面的处理方法，一般宜采用水泥砂浆抹面的处理方法。处理后的基面应满足下列条件：$D/L \leqslant 1/10$（D 为相邻两凸面间凹进去的深度；L 为相邻两凸面间的最短距离）。

4）基面上不得有尖锐的毛刺部位，特别是喷射混凝土表面经常出现较大的尖锐的石子等硬物，应凿除干净或用水泥砂浆覆盖处理，避免浇筑混土时刺破防水板。

5）基面上不得有铁管、钢筋、钢丝等凸出物存在，否则应从根部割除，并在割除部位用水泥砂浆覆盖处理。

6）当仰拱初衬表面水量较大时，为避免积水将铺设完成的防水板浮起，宜在仰拱初衬表面设置临时排水沟。

10.3.9 防水板铺设宜采用专用台车（架）铺设，台车（架）应满足下列要求：

1）防水板铺设专用台车（架）宜采用轮轨式。

2）台车（架）前端应设有初期支护表面及二次衬砌内轮廓检查钢架，并有整体移动（上下、左右）的微调机构。

3）台车（架）上应配备能达到隧道周边任一部位的作业平台。

4）台车（架）上应配备辐射状的防水板支撑系统。

5）台车（架）上应配备提升（成卷）防水板的卷扬机和铺放防水板的设施。

10.3.10 防水板材料应符合下列规定：

1）防水板的规格、尺寸及允许偏差见表 10.3.10-1。

表 10.3.10-1 防水板的规格、尺寸及允许偏差

项目	厚度 /mm	宽度 /m	长度 /m
规格	1.5，2.0，2.5，3.0	2.0，3.0，4.0	20.0 以上
平均偏差	不允许出现负值	不允许出现负值	不允许出现负值
极限偏差	-5%	-1%	—

2）防水板的外观质量应满足下列要求：

（1）防水板在规格确定的长度内不允许有接头。

（2）防水板表面应平整、边缘整齐，无裂纹、机械损伤、折痕、孔洞、气泡及异常黏着部分等影响使用的缺陷。

（3）防水板外观颜色应为材料本色，不得添加颜料和填料，特殊要求除外。

（4）在不影响使用的条件下，防水板表面凹痕深度不得超过厚度的 5%。

3）防水板的物理力学性能应符合表 10.3.10-2 的规定。

表 10.3.10-2　防水板的物理力学性能

序号	项目		指标		
			EVA	ECB	PE
1	断裂拉伸强度 /MPa		≥ 18	≥ 17	≥ 18
2	扯断伸长率 / %		≥ 650	≥ 600	≥ 600
3	撕裂强度 /（kN · m^{-1}）		≥ 100	≥ 95	≥ 95
4	不透水性 /0.3 MPa，24 h		无渗漏	无渗漏	无渗漏
5	低温弯折性 /℃		≤ -35	≤ -35	≤ -35
6	加热伸缩量 /mm	延伸	≤ 2	≤ 2	≤ 2
		收缩	≤ 6	≤ 6	≤ 6
7	热空气老化（80 ℃ ×168 h）	断裂拉伸强度 /MPa	≥ 16	≥ 14	≥ 15
		扯断伸长率 / %	≥ 600	≥ 550	≥ 550
8	耐碱性 [饱和 Ca（OH）$_2$ 溶液 ×168 h]	断裂拉伸强度 /MPa	≥ 17	≥ 16	≥ 16
		扯断伸长率 / %	≥ 600	≥ 600	≥ 550
9	人工候化	断裂拉伸强度保持率 / %	≥ 80	≥ 80	≥ 80
		扯断伸长率保持率 / %	≥ 70	≥ 70	≥ 70
10	刺破强度 /N	1.5 mm	300	300	300
		2.0 mm	400	400	400
		2.5 mm	500	500	500
		3.0 mm	600	600	600

4）无纺土工布应符合《土工合成材料—短纤针刺非织造土工布》（GB/T 17638—2017）的规定。

10.3.11 防水板铺设应符合下列规定：

1）缓冲层一般采用暗钉圈固定，并按下列步骤铺设（图 10.3.11-1）：

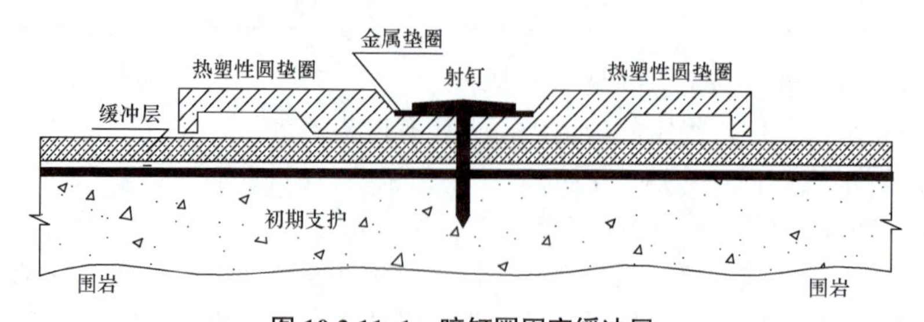

图 10.3.11-1　暗钉圈固定缓冲层

（1）铺设前进行精确放样，弹出标准线进行试铺后确定防水板一环的尺寸，尽量减少接头。

（2）用带热塑性圆垫圈的射钉将缓冲层平整顺直地固定在基层上，固定点间距：一般拱部为 0.5 ～ 0.8 m，边墙为 0.8 ～ 1.0 m，底部为 1 ～ 1.5 m，呈梅花形排列，并左右、上下成行固定。

（3）缓冲层接缝搭接宽度不得小于 50 mm，一般仅设环向接缝。当长度不够时，设轴向接缝应确保上部（靠近拱部的一张）应用下部（靠近底部的一张）缓冲层压紧，并使缓冲层与喷射混凝土表面密贴，铺设的缓冲层应平顺，无隆起，无皱褶。

2）防水板铺设应满足下列要求：

（1）防水板铺设前，应全部检查防水板是否有变色、波纹（厚薄不均）、斑点、刀痕、撕裂、小孔等缺陷。如果存在质量疑虑，要进行张拉试验、防水试验和焊缝张拉强度试验。如发现防水板有裂纹、针孔等，应立即修补好。

（2）对检查合格的防水板（含土工布缓冲层），用特种铅笔画焊接线及拱顶分中线，并按每循环设计长度截取，对称卷起备用；洞内在铺设基面标出拱顶中线，画出隧道中线第一环及垂直隧道中线的横断面线。

（3）塑料防水板宜从下向上环向铺设，下部防水板必须压住上部防水板，铺设松紧应适度并留有余量，实铺长度与初期支护基面弧长的比值为 10 ∶ 8，确保混凝土浇筑后防水板表面与初期支护面密贴。

（4）分离式防水板采用悬挂铺设。

3）防水板的固定应满足下列要求：

（1）防水板的固定可采用热合器，使防水板融化后与塑料垫圈黏结牢固；

（2）在凹凸较大及拱顶的基面上，不仅需要加密固定点，而且必须确保加固点间的富余量，加固后的防水板用手上托或挤压，防水板不会产生绷紧或破损现象，能确保防水层与混凝土表面完全密贴。

4）防水板焊接应满足下列要求：

（1）热焊机操作手应经过专业培训，并且人员相对固定。

（2）焊接时，接缝处必须擦洗干净，焊缝接头应平整，不得有气泡、褶皱及空隙。

（3）施工中应尽量减少防水板的搭接头，两幅防水板的搭接宽度符合设计要求并应不小于 150 mm（图 10.3.11-2）。

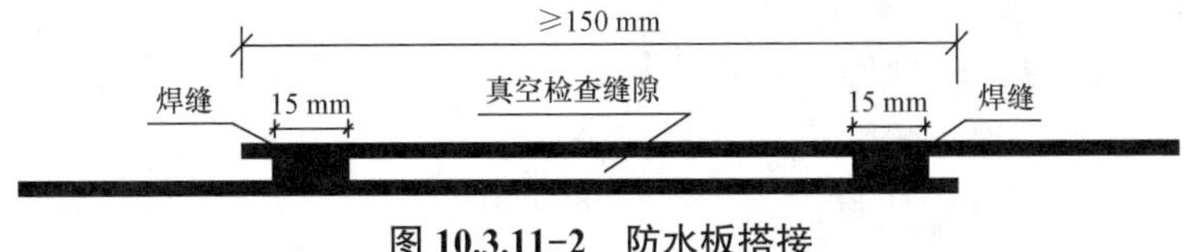

图 10.3.11-2 防水板搭接

（4）附属洞室处铺设防水板时，先按照附属洞室的大小和形状加工防水板，并与边墙防水板焊接成一个整体。如附属洞室成形不好，须用同级混凝土使其外观平顺后，方可铺设防水板。

（5）防水板之间的搭接缝应采用双焊缝、调温、调速热楔式自动爬行热合机，细部处理或修补采用手持焊枪，单条焊缝的有效焊接宽度不应小于 15 mm；热合器不易焊接的部位可采用热风枪手工焊接。

（6）开始焊接前，应用小块塑料片试焊，以掌握焊接温度和焊接速度。

（7）三层以上塑料防水板的搭接形式必须是 T 形接头，并采用焊胶打补丁的方式进行加强。焊缝搭接处必须用刀刮成缓角后拼接，使其不出现错台。

（8）焊接应严密，无漏焊、假焊、烤焦、焊穿、外露固定点等。若有应予补焊，且用同种材料覆盖焊接。

5）防水板的保护应满足下列要求：

（1）洞内堆放材料、工具应远离已经铺设好防水板的地段，严禁在堆放好的防水材料上来回走动。

（2）防水板施工时严禁吸烟，钢筋焊接作业时应设临时挡板，防止机械损伤和电火花灼伤防水板。

（3）挡头板的支撑物在接触到塑料防水板处必须加设橡皮垫层。

（4）采用钢筋混凝土衬砌时，要对钢筋头部进行防护，避免损伤防水板。

（5）绑扎钢筋和衬砌台车就位时要采取保护措施，防止碰撞和刮破塑料板。

（6）衬砌浇筑中应特别注意振捣引起的防水板破坏，避免振动器直接接触防水板，插入式振动器变换位置时应竖向缓慢拔出，不得在仓内平拖，发现损伤应立即修补。

（7）在浇筑衬砌混凝土时，应在混凝土输送泵口处设置防护板，防止混凝土直接冲击防水板。

（8）二次衬砌中预埋件与防水板间距不小于 5 cm，以防止损坏防水板。

6）洞身与横通道、避车洞、斜（竖）井等接口处的防水板铺设与连接是薄弱环节，应精心施工，迎水面要平顺，不得形成水囊、积水槽。

7）施工中应根据围岩级别合理确定开挖工作面与防水板铺设地段的安全距离。分段铺设的防水板的边缘部位应预留至少 60 cm 的搭接量，并且对预留部分边缘进行有效的保护。

8）防水板的接缝应与衬砌端头错开 0.5 ～ 1.0 m。

9）初期支护为钢纤维的，防水板铺设前应补喷一层水泥砂浆保护层，以保护防水板不受损伤。

10.3.12 防水板铺设质量检查应符合下列规定：

1）目测及尺量检查：

（1）检查防水板有无烤焦、焊穿、假焊和漏焊；

（2）检查焊缝宽度是否符合设计要求；

（3）检查焊缝是否均匀连续，表面是否平整、光滑，有无波形断面。

2）充气检查：防水板的搭接缝焊接质量检查应按充气法检查，将 5 号注射针与压力表相接，用打气筒进行充气。当压力表达到 0.25 MPa 时停止充气，保持 15 min，压力下降在 10 % 以内，说明焊缝合格；如压力下降过快，说明焊缝不严。用肥皂水涂在焊缝上，有气泡的地方应重新补焊，直到不漏气为止。

10.3.13 施工缝的施工应符合下列规定：

1）墙体纵向施工缝不宜设在剪力与弯矩最大处或底板与边墙的交接处，应留在高出底板顶面不小于 30 cm 的墙体上。

2）墙体有预留孔洞时，施工缝距孔洞边缘不应小于 30 cm。

3）纵向施工缝浇灌混凝土前，应将其表面凿毛，清除浮粒和杂物，用水冲洗干净，保持湿润，可铺上一层厚 25 ～ 30 mm 的 1∶1 水泥砂浆或涂刷混凝土界面剂，并及时浇筑混凝土。

4）设止水条的环向施工缝，在端面应预留浅槽，槽应平直，槽宽比止水条宽 1 ～ 2 mm，槽深为止水条厚度的 1/2。

5）施工缝内采用中埋式止水带时，应确保位置准确、固定牢靠。

6）施工中应采取措施保证待贴止水条的混凝土界面洁净。

10.3.14 变形缝施工应符合下列规定：

1）变形缝的位置、宽度、构造形式应符合设计要求。

2）缝内两侧应平整、清洁、无渗水。

3）缝底应先设置与嵌缝材料无粘结力的背衬材料或遇水膨胀止水条。

4）嵌缝应密实。

10.3.15 变形缝防水要求如下：

1）在变形缝部位的模筑混凝土外侧设置背贴式止水带，利用背贴式止水带表面突起的齿条与模筑防水混凝土之间的密实咬合进行密封止水，同时在背贴式止水带两翼的最外侧齿条的内侧根部固定注浆管，利用注浆管表面的出浆孔将浆液均匀地填充在止水带齿条与混凝土的空隙部位，达到密封止水的目的。注浆液可以采用水泥浆液，也可以采用化学浆液。背贴式止水带同时起到在隧道内形成防水封闭区的作用。

2）在变形缝部位设置中埋式止水带，采用注浆 PVC 止水带，要求在止水带的表面现场粘贴缓膨胀型遇水膨胀腻子条。

3）变形缝内侧采用密封膏进行嵌缝密封止水，密封膏要求沿变形缝环向封闭，任何部位均不得出现断点，以免出现窜水现象。

4）结构施工时，在顶拱和侧墙变形缝两侧的混凝土表面预留凹槽，凹槽内设

置镀锌钢板接水盒，便于渗漏水时将其直接排到道床的排水沟内。

10.3.16 可选用橡胶或塑料止水带。对水压力大、变形大的施工缝、变形缝应选用钢边止水带。橡胶止水带和钢边止水带应采用三元乙丙橡胶制作，不得采用再生橡胶。塑料止水带不得采用再生塑料。当设计选用其他新型、成熟、可靠的材料时，其物理性能应符合国家相关标准的要求，并应满足下列要求：

1）止水带外观质量应满足下列要求：

（1）止水带表面不允许有开裂、缺胶、海绵状等影响使用的缺陷。塑料止水带外观颜色应为材料本色，不得添加颜料和填料，特殊要求除外。

（2）具体的外观质量要求应符合表 10.3.16-1 的规定。

表 10.3.16-1　止水带产品外观质量要求

编号	缺陷类型	开挖工作面
1	气泡	直径不大于 1 mm 的气泡，每米不得超过 3 处
2	杂质	面积不大于 4 mm^2 的杂质，每米不得超过 3 处
3	凹痕	不允许有
4	接缝缺陷	高度不大于 1.5 mm 的凸起或不平，每米不得超过 2 处

2）止水带物理力学性能应满足下列要求：

（1）橡胶止水带的物理力学性能应符合表 10.3.16-2 的规定。

表 10.3.16-2　橡胶止水带的物理力学性能

序号	项目			B 型	S 型
1	硬度（邵尔 A）/ 度			60±5	60±5
2	拉伸强度 /MPa			≥ 15	≥ 12
3	扯断伸长率 /%			≥ 450	≥ 450
4	压缩永久变形 /%		70 ℃，24 h	≤ 30	≤ 30
			23 ℃，168 h	≤ 20	≤ 20
5	撕裂强度 /（kN · m^{-1}）			≥ 30	≥ 25
6	脆性温度 /℃			≤－ 45	≤－ 45
7	热空气老化	70 ℃，168 h	硬度变化（邵尔 A）/ 度	≤＋ 6	≤＋ 6
			拉伸强度 / MPa	≥ 12	≥ 10
			扯断伸长率 / %	≥ 400	≥ 400
8	耐碱水	（a/OH）$_2$ 饱和溶液 23 ℃，168 h	硬度变化（邵尔 A）/ 度	≤＋ 6	≤＋ 6
			拉伸强度 /MPa	≥ 12	≥ 10
			扯断伸长率 / %	≥ 400	≥ 400
9	臭氧老化 50 pphm：20 %，40 ℃，48 h			无龟裂	无龟裂
10*	橡胶与金属粘合			R 型破坏	
注：仅钢边止水带检测橡胶与金属粘合项目					

（2）塑料止水带的物理力学性能应符合表 10.3.16-3 的规定。

表 10.3.16-3 塑料止水带的物理力学性能

序号	项目		技术指标	
			EVA	ECB
1	拉伸强度 /MPa		≥ 16	≥ 16
2	扯断伸长率 / %		≥ 600	≥ 600
3	撕裂强度 /（kN · m^{-1}）		≥ 60	≥ 60
4	低温弯折性 /℃		≤ -40	≤ -40
5	热空气老化（80 ℃，168 h）	100 % 伸长率外观	无裂纹	无裂纹
		拉伸强度保持率 / %	≥ 80	≥ 80
		扯断伸长率保持率 / %	≥ 70	≥ 70
6	耐碱性 [Ca（OH）$_2$ 饱和溶液，168 h]	拉伸强度保持率 / %	≥ 80	≥ 80
		扯断伸长率保持率 / %	≥ 90	≥ 90

（3）钢边止水带的橡胶的物理力学性能应符合表 10.3.16-2 的规定，钢边材料应采用热镀锌钢板，材料性能应符合《连续热镀锌和锌合金镀层钢板及钢带》（GB/T 2518—2019）的规定。

（4）止水带接头部位的拉伸强度指标不得低于表 10.3.16-2、表 10.3.16-3 本体材料的性能。

10.3.17 背贴式止水带施工应符合下列规定：

1）背贴式止水带施工工艺流程如图 10.3.17 所示。

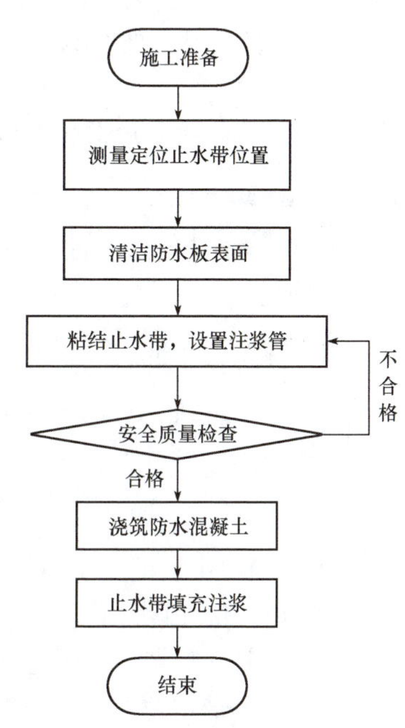

图 10.3.17 背贴式止水带施工工艺流程

2）背贴式止水带施工应满足下列要求：

（1）施工时按照设计要求的位置放出安装线。

（2）对与止水带进行粘结的防水板进行擦洗清洁。

（3）采用粘结法将止水带与防水板连接。

（4）衬砌台车就位，安装挡头板时不得损伤止水带。

（5）塑料止水带采用热熔对接焊接接头，接头部位的拉伸强度不小于母材强度的 80 %。

（6）为保证背贴式止水带与混凝土咬合密实，在止水带两侧齿条之间设置注浆管。

10.3.18 中埋式止水带施工应符合下列规定：

1）中埋式止水带施工工艺流程如图 10.3.18-1 所示。

2）中埋式止水带的固定应满足下列要求：

（1）沿衬砌环线每隔 0.5 ～ 1.0 m 在端头模板上钻一个 ϕ12 mm 的钢筋孔。

（2）将制成的钢筋卡穿过挡头模板，内侧卡紧止水带的一半，另一半止水带平靠在挡头板上，待混凝土凝固后拆除挡头板，将止水带拉直，然后弯曲钢筋，使其卡紧止水带。

（3）止水带端头应加设一背托钢筋，便于钢筋卡固定止水带。

施工准备

加工背托钢筋及钢筋卡

在台车挡头板上设置钢筋卡孔洞

安装背托钢筋及钢筋卡

固定止水带

灌注防水混凝土

结束

图 10.3.18-1　中埋式止水带施工工艺流程

（4）挡头板外侧应加设一背托钢筋，采用穿板钢丝将钢筋卡与其连接，以确保安装的止水带不变形。

（5）注浆止水带采用热熔对接法连接，同时应保证对接部位注浆管的畅通。对接部位的抗拉强度应不小于母材强度的 80 %，要求对接部位接缝严密、不透水。

（6）注浆止水带的注浆导管引出间距 6 ～ 8 m，引出位置以便于后期注浆操作为主。注浆导管应进行临时封堵，避免后期施工过程中异物进入堵塞注浆管。

（7）中埋式止水带施工方法如图 10.3.18-2 所示。

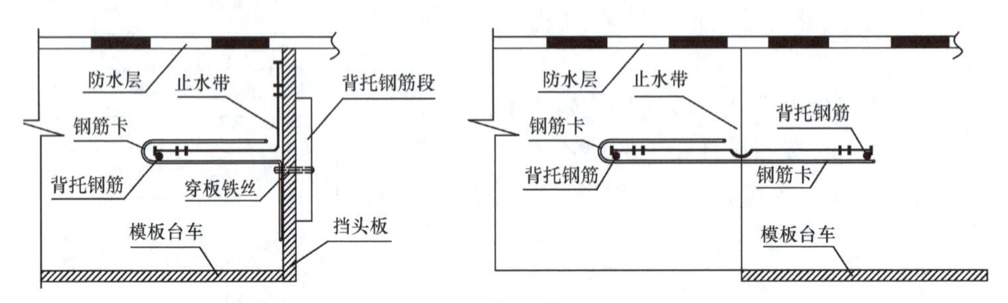

图 10.3.18-2　中埋式止水带施工方法示意图

10.3.19　止水带施工应符合下列规定：

1）止水带埋设位置应准确，其中间空心圆环应与变形缝重合。

2）固定止水带时，应防止止水带偏移，以免单侧缩短，影响止水效果。

3）止水带定位时，应使其在界面部位保持平展，不得使橡胶止水带翻滚、扭结，如发现有扭结不展现象应及时进行调整。

4）止水带固定时，应防止止水带偏移，以免单侧缩短，影响止水效果。

5)止水带的长度应根据施工要求定制(一环长)，尽量避免接头。如确需接头，应满足下列要求（图 10.3.19）：

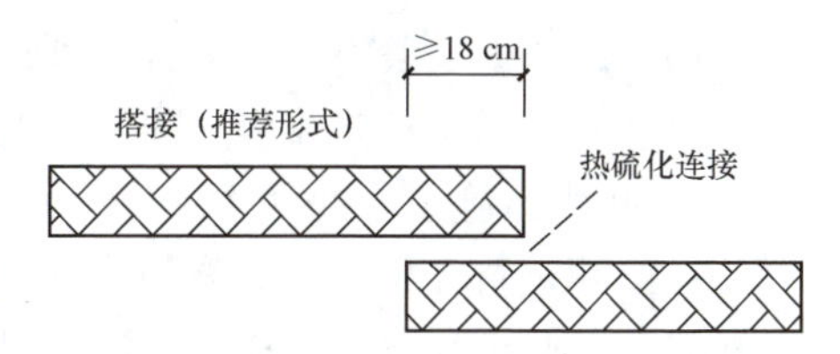

图 10.3.19 止水带常用接头形式

（1）橡胶止水带接头必须粘良好，外观应平整、光洁，粘结前应做好接头表面的清刷与打毛，接头处选在二次衬砌结构应力较小的部位，粘结可采用热硫化连接的方法，搭接长度不得小于 10 cm，粘结缝宽不小于 50 mm；

（2）设置止水带接头时，应尽量避开容易形成壁后积水的部位，宜留设在起拱线上下；

（3）检查接头处上下止水带的压槎方向，应以排水畅通、将水外引为正确方向，即上部止水带靠近围岩，下部止水带靠近隧道二次衬砌；

（4）接头强度检查不合格时重新焊接。

6）止水带安装完成后的质量检查应满足下列要求：

（1）检查止水带安装的横向位置，用钢卷尺量测内模到止水带的距离，与设计位置相比，偏差不应超过 5 cm；

（2）检查止水带安装的纵向位置，通常止水带以施工缝或伸缩缝为中心两边对称，用钢卷尺检查，要求止水带偏离中心不能超过 3 cm；

（3）用角尺检查止水带与二次衬砌端头模板是否正交。

7）浇筑止水带附近的混凝土时，应严格控制振捣的冲击力，避免力量过大而刺破止水带或使止水带偏移。如拆模后发现止水带偏离中心，则应适当凿除或填补部分混凝土，对止水带进行纠偏。

10.3.20 止水条宜选用制品型遇水膨胀橡胶止水条，其物理力学性能应符合表 10.3.20 的规定。

表 10.3.20 制品型遇水膨胀橡胶止水条物理力学性能

序号	项目		指标
1	硬度（邵尔 A）/ 度		42±7
2	拉伸强度 /MPa		≥ 3.5
3	扯断伸长率 / %		≥ 450
4	体积膨胀倍率 / %		≥ 200
5	反复浸水试验	拉伸强度 /MPa	≥ 3
		扯断伸长率 / %	≥ 350
		体积膨胀倍率 / %	≥ 200
6	低温弯折（－ 20 ℃，2 h）		无裂纹
7	防霉等级		优于 2 级
注：硬度为推荐项目，其余均为强制项目；成品切片测试应达到标准的 80 %；接头部位的拉伸强度不得低于上表标准性能的 50 %；体积膨胀倍率是浸泡后的试样质量与浸泡前的试样质量的比率			

10.3.21 止水条施工应符合下列规定：

1）止水条施工工艺流程如图 10.3.21-1 所示。

2）止水条施工方法如下：

（1）纵向施工缝：在先浇筑混凝土初凝后、终凝前，根据止水条的规格在混凝土基面中间压磨出一条平直、光滑槽。拆除混凝土模板后，凿毛施工缝，用钢丝刷清除界面上的浮渣，并涂 2 ～ 5 mm 厚的水泥浆，待其表面干燥后，用配套的胶粘剂或水泥钉固定止水条，再浇筑下一环混凝土。

（2）环向施工缝：环向施工缝采用在端头模板中间固定木条或金属构件等，混凝土浇筑后形成凹槽。槽的深度为止水条厚度的一半，宽度为止水条宽度。拆模后进行清洗，在浇筑下循环混凝土之前，对预留槽进行清理，清除残渣，磨光槽壁，最后将止水条粘贴在槽中，然后模板台车定位，浇筑下一循环的混凝土。

3）止水条施工应满足下列要求：

（1）施工前，必须对止水条的宽度、厚度进行检查，确保其符合设计及标准要求；

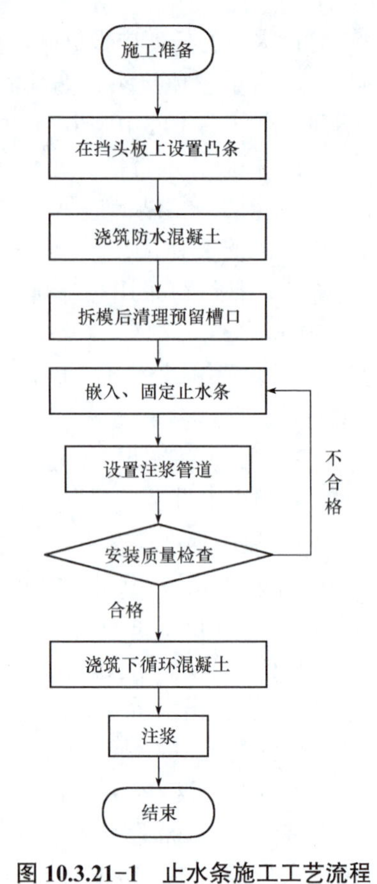

图 10.3.21-1　止水条施工工艺流程

（2）止水条安放前，必须对预留槽进行清理，清洗干净、排除杂物；

（3）止水条必须安装在预留槽内，安装时先在槽内涂抹一层氯丁胶粘剂，使其黏结牢固，并用水泥钉固定，水泥钉的间距不宜大于 60 cm；

（4）止水条安装应尽量安排在浇筑前 3 ～ 5 h，如有困难，提前安装应采取缓膨措施，但最长时间不得超过 24 h；

（5）止水条安装时应顺槽拉紧嵌入，确保止水条与槽底密贴，不得有空隙；

（6）止水条接头处应重叠搭接后再粘接固定，沿施工缝形成闭合环路，其间不得留断点，如图 10.3.21-2 所示。

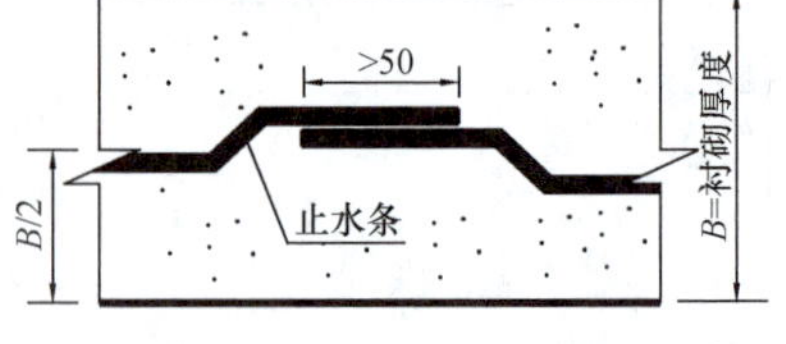

图 10.3.21-2　止水条安装

10.3.22 带注浆孔遇水膨胀止水条施工应满足下列要求：

1）安装止水条界面的处理及止水条的固定方法同上。

2）将止水条上的预留注浆连接管套入搭接的另一条止水条上连接二通上。

3）根据所安装止水条的长度，约在 30 m 处安装三通，三通的直线两端一头插入止水条内，另一头插入注浆连接管内。丁字端头插入备用注浆管内，以备缝隙渗漏水时注浆（图 10.3.22）。

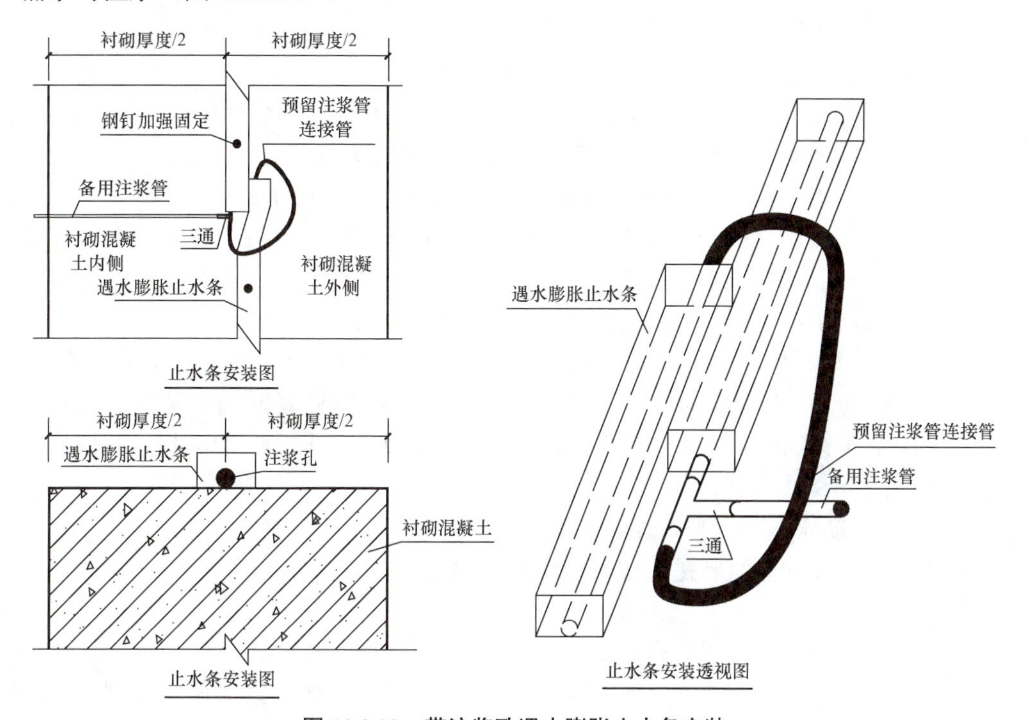

图 10.3.22　带注浆孔遇水膨胀止水条安装

4）注浆连接管与三通连接件应粘结牢固，保证注浆管通畅。安装在三通上的备用注浆管，应引入二次衬砌内侧。

10.3.23　变形缝嵌缝材料施工应满足下列要求：

1）嵌缝材料要求最大拉伸强度不小于 0.2 MPa，最大伸长率大于 300 %，且拉、压循环性能为 80 ℃时拉伸—压缩率为 ±20%。

2）缝内两侧平整、清洁、无渗水，涂刷的基层处理剂符合设计要求。

3）背衬材料的设置应符合设计要求。

4）嵌填密实，与两侧粘结牢固。

10.3.24　结构自防水施工应满足下列要求：

1）防水混凝土抗渗等级：应根据工程埋置深度确定，本区段防水混凝土抗渗等级严格按设计要求。

2）最大裂缝宽度应满足结构最大计算裂缝宽度允许值（0.2 mm），并不得贯通。

3）钢筋保护层厚度应根据结构的耐久性和工程环境选用，并符合结构设计要求。

4）矿山段二次衬砌：迎水面钢筋保护层厚度≥ 35 mm，背水面钢筋保护层厚度≥ 35 mm。

5）混凝土垫层的强度等级不应小于 C20，厚度不应小于 150 mm。

10.3.25 外包柔性防水层施工应满足下列要求：

1）矿山法隧道采用防水钢筋混凝土和全包柔性防水层组成双道防水防线。

2）应适应于受侵蚀性介质或受振动、变形作用的功能。

3）防水层铺设在主体结构的迎水面，形成封闭的全包防水层。

4）为了保证防水的施工质量，主体结构外采用柔性全包防水卷材防水，且分段封闭，不采用涂料防水。

5）柔性防水层防水能力：抗地下水实际水头应大于 0.6 MPa。

10.3.26 结构自防水是一项系统工程，需要结构和防水相结合，混凝土供应商、设计单位、土建承包商与管理部门共同合作，才能做好混凝土结构自防水。C35，P10 防水钢筋混凝土重点是解决混凝土抗渗、抗裂，提高其耐久性，而抗裂又是关键，应精心设计、精心施工。

10.3.27 防水混凝土技术要求如下：

1）选择优质的原材料是保证防水混凝土的基础。

2）严格控制混凝土的配合比。

3）对防水混凝土施工要求如下：

（1）在炎热季节施工时，应采取有效措施降低原材料温度（如遮阳棚），减少混凝土运输时吸收外界热量。严格控制入模温度，避免强阳光下浇灌混凝土和浇灌后暴晒，避免大风天气浇灌混凝土，避免白天高温下浇灌混凝土。

（2）严格控制混凝土的坍落度和坍落度损失，不得产生离析和泌水现象。

（3）注意灌筑混凝土的高度，防止产生离析和粗集料沉降。混凝土自高处倾落的自由高度，不应超过 2 m；灌筑混凝土两泵之间的距离不应大于 2 m；每次灌筑混凝土分层厚度不宜大于 30 ～ 40 cm。

（4）模板平整，拼缝严密、不漏浆，并有足够的强度和刚度，吸水性小，应优先采用钢模板。

（5）应振捣密实，防止漏振、欠振和过振，不得使混凝土表面出现浮浆，底板和顶板混凝土浇筑完毕收水，刮平后立即严密覆盖，防止失水。

（6）加强混凝土养护，应有保温保湿措施。防水混凝土终凝后应立即进行湿养护，湿养护时间不得少于 14 d。在养护期间混凝土始终保持湿润，防止现浇混凝土内外温差过大（控制在 25 ℃）和混凝土内温降过快（温降控制在 3 ℃ /d）。

（7）不得盲目要求加大坍落度、加强拌合物的体积稳定性，不得产生离析和泌水现象。

（8）防水混凝土处于侵蚀介质中，应检测其氯离子扩散系数或电通量，要求电通量≤1 500 C（56 d 龄期）。

（9）采用的柔性防水层起隔离和不约束混凝土变形的作用，与主体结构紧密粘贴，使地层水不得直接接触主体结构混凝土，要求防水层应具有良好的延伸系数、耐久性、防水性、抗腐蚀性等。

4）对拱顶混凝土灌注的特殊要求。对采用矿山法施工的暗挖结构拱顶混凝土灌注时，往往会产生拱顶混凝土不密实、不满灌、漏振捣、易收缩现象，对此部位的混凝土施工除在混凝土性能上减少其收缩率以外，拱顶混凝土的灌注采用加强封堵板。

10.4 施工排水

10.4.1 隧道施工排水应符合下列规定：

1）隧道内纵向设排水沟，横向应设排水坡，隧底纵横向坡应平顺。

2）洞内顺坡排水沟断面应满足洞内渗漏水和施工废水的排出需要。在膨胀岩、土质地层、围岩松软地段，应铺砌水沟或用管槽排水。排水沟应经常清理。

3）施工期间运输轨道的道床，应防止阻塞隧底水流，可设横向截水沟并汇入两侧的排水沟。

4）洞内反坡排水应采用机械排水，可根据距离、坡度、水量和设备情况布置管路和泵站，一次或分段接力排出洞外。集水坑的容积应按实际排水量确定，其位置确定应减少施工干扰。配备水泵的能力应大于排水量20 %以上，并应有备用台数。

10.4.2 利用辅助坑道排泄正洞水流时，应根据流量的大小与需要，设置排水沟，保证排水畅通，严防坑道内积水和漫流。

10.4.3 施工期间应根据现场情况定期对地下水的水质进行检测，当发现异常时应及时与设计单位联系；根据施工需要应对水量、水压进行日常检测。

10.4.4 隧道施工排水污水处理设施应满足设计要求，并符合本指南的规定。

11 施工竖井及横通道

11.1 一般规定

11.1.1 辅助坑道口的截水、排水系统和防冲刷设施，应在隧道施工前妥善规划，尽早完成。坑道口或斜井的洞门或竖井口锁口圈也应尽早施作。

11.1.2 辅助坑道支护应符合设计要求。辅助导坑洞口或井口、软弱围岩段、辅助坑道与正洞的连接处应加强支护。辅助坑道与正洞的连接处支护后，应及时施作二次衬砌，特殊情况下应在开挖前采取超前支护措施。

11.1.3 辅助坑道废弃应符合下列规定：

1）横洞和平行导坑封闭前应结合排水需要，先做暗沟，并设置检查通道。

2）竖井、斜井有水时，应将水引入隧道侧沟。

3）横洞、平行导坑、斜井的洞口宜用水泥砂浆砌片石封闭，无衬砌时封闭长度宜为 3 ～ 5 m，有衬砌时封闭长度不宜小于 2 m。

4）竖井的井口宜用钢筋混凝土盖板封闭。

5）与隧道正洞连接处宜用水泥砂浆砌片石封闭，其长度不宜小于 2 m。

11.1.4 辅助坑道口边、仰坡开挖及地表恢复应符合环境保护和水土保持的有关规定和设计要求。辅助坑道口边、仰坡开挖不得采用大爆破，开挖坡面应按设计要求及时进行防护和支护，山坡危石应全部清除。

11.1.5 辅助坑道与正洞交叉口施工应符合下列规定：

1）先加固、后开挖。根据地质情况，辅助坑道与正洞边墙相交的 3 ～ 5 m 范围的初期支护应加强，必要时浇筑混凝土衬砌。

2）辅助坑道进入正洞的门洞应浇筑钢筋混凝土（或型钢）“门架”或过梁。

3）辅助坑道进入正洞后的挑顶施工，应从外向内逐步扩大，并始终保持逃生通道的畅通。

11.1.6 辅助坑道施工应进行超前地质预报和现场监控量测。

11.2 竖井

11.2.1 竖井是一种隧道辅助坑道，是为增加隧道工作面以缩短工期和改善施工通风、施工排水和施工运输等施工条件所设置的临时性隧道附属工程。它可作为永久性的隧道附属建筑，也可作为运营通风、排水和防灾害等使用。

11.2.2 在城市轨道交通工程矿山法施工中，竖井宜利用通风道、车站端头井等永久结构设置。单独设置施工竖井时，应根据工程规模、施工期限、现场条件、施工和运营功能需要，通过技术经济比较确定。

11.2.3 井口规划如下：

1）竖井井口场地应合理规划和布置，做好竖井周边地面硬化，并设置好排水坡度和排水沟，便于集中排水，减少地表水的下渗和水土流失；完善场地冲洗、沉淀设施，防止城市环境污染。

2）井口应设防水设施。井口作业区必须设置防汛墙、栏杆和安全门，非施工人员禁止入内。

3）隧道竖井示例如图 11.2.3 所示。

图 11.2.3　隧道竖井

11.2.4 井口的锁口圈应符合下列规定：

1）锁口圈应采用钢筋混凝土结构。

2）锁口圈应高出地面至少 0.5 m 或浇筑环形挡墙，并做好井口场地排水设施。

3）锁口圈应和下部井颈、井壁连成整体，当其作为井架基础时，应与井架结构连成整体。

4）井口的锁口圈应在井身掘进前完成，并配备井盖。

5）在升降人员或物料时，井盖方可开启。

6）模板及支撑应具有足够的强度、刚度和稳定性。混凝土浇筑应有防止预埋件偏位的措施。

7）竖井锁口圈浇筑准备如图 11.2.4-1 所示，竖井锁口圈完成及浅部挖掘机开挖施工如图 11.2.4-2 所示。

11.2.5 竖井宜根据土层情况、开挖深度等采用不同方法开挖。土层宜采用人工、挖掘机、抓岩机等（图 11.2.5），岩层可采用破碎锤、钻爆作业等。

图 11.2.4-1　竖井锁口圈浇筑准备

图 11.2.4-2　竖井锁口圈完成及浅部挖掘机开挖施工

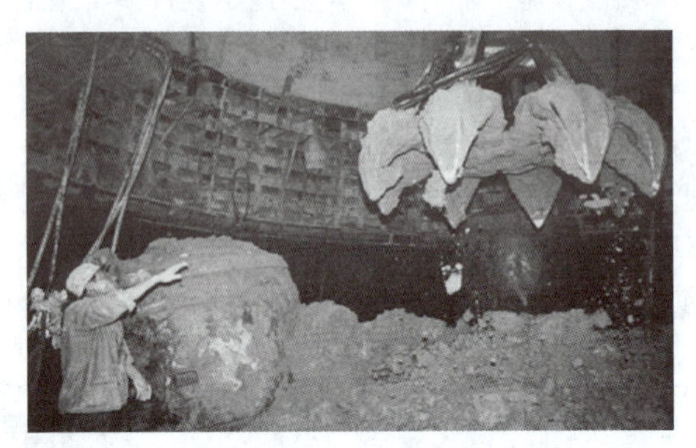

图 11.2.5　中心回转抓岩机

11.2.6　竖井装碴宜用抓岩机；井架吊桶或罐笼出碴，井架采用三脚架、帷幕式井架或龙门架；必要时应设稳绳装置和其他施工安全措施。

11.2.7　竖井开挖钻爆作业应符合下列规定：

1）井身开挖宜采用直眼掏槽，当岩层倾斜较大且裂隙明显时，可用楔形或其他形式掏槽，有地下水时可采用立式梯台超前掏槽法。

2）钻眼前应将开挖工作面的石碴清除干净并排除积水，炮眼钻完后，应将孔口临时堵塞。

3）每次爆破后应检测断面，不得有欠挖。每掘进 5 ～ 10 m 应核对一次中线，及时纠正偏斜。

4）爆破应采取减小爆破冲击波及飞溅物措施。可在井底覆盖炮被、井口进行遮盖。

11.2.8　竖井结构支护与衬砌应符合下列规定：

1）竖井支护应随开挖循环及时进行。支护施工应在开挖到位后，先初喷 50 mm 厚混凝土封闭开挖面，然后施工锚杆并安装钢筋网、钢架、连接筋等。

2）支护施工应预埋注浆管，对初期支护进行壁后注浆。

3）竖井围护结构如采用排桩或地下连续墙结构，开挖时如桩间或地下连续墙漏水，应及时封堵。

4）竖井衬砌应符合设计要求，并按施工方案分段进行。需拆除临时支撑时，应根据实测土压力大小和施工工艺综合确定，防止过早拆除造成竖井失稳。

11.2.9 竖井提升作业应符合下列规定：

1）提升机械不得超负荷运行，并应有深度指示器和防止过卷、过速等保护装置以及限速器和松绳信号等。竖井提升设备如图 11.2.9 所示。

图 11.2.9 竖井提升设备

2）采用罐笼提升时，应符合下列规定：

（1）凡兼作升降人员的单绳提升罐笼，必须设置安全保险装置。

（2）罐笼提升时，深井宜采用钢丝绳罐道，浅井宜采用单侧布置的刚性罐道。

（3）罐笼提升的加速度值，升降人员时，不得大于 0.75 m/s^2。升降物料时，不得大于 1 m/s^2。升降人员时，其最大速度不得超过用下列公式所求得的数值，且最大不得超过 12 m/s。

$$v=0.5\sqrt{H}$$

式中 v——最大提升速度，m/s；

H——提升高度，m。

升降物料时，其最大速度，不得超过用下列公式所求得的数值：

$$v=0.6\sqrt{H}$$

在提升速度大于 3 m/s 的提升系统内，必须设防撞梁和托罐装置，防撞梁不得兼作他用。

（4）采用钢丝绳罐道时，每根罐道绳的最小刚性系数不得小于 0.5 N/m。各罐道绳张紧力之差不得小于平均张紧力的 5 %，并应符合内侧张紧力大、外侧张紧力小的布置要求。

（5）采用钢丝绳罐道时，在井口和井底进出车处，应安设承接装置和一段刚性罐道。

3）吊桶提升所用的钩头连接装置应牢固，不得自动脱钩，并应有缓转器。罐笼提升应设置安全、可靠的防坠器。吊桶沿稳绳升降时，其最大加速度值不应大于 0.5 m/s^2，吊桶在无稳绳段升降的最大加速度值不应大于 0.3 m/s^2。

4）工作吊盘的载重不应大于吊盘的设计载重能力。

5）提升用的钢丝绳和各种悬挂使用的钩、链、环、螺栓等连接装置，应具有规定的安全系数，使用前应进行拉力试验，合格后方可安装。使用中应定期检查、维修和更换。

6）井口应设安全栅栏和安全门，通向井口的轨道应设阻车器。

7）竖井深度小于或等于 40 m 时，可采用三脚架或龙门架做井架。井身大于 40 m 时，宜设置凿井、生产阶段共用井架。

11.2.10 施工中竖井口、井底、绞车房和工作吊盘间均应有联系信号或直通电话。

11.2.11 竖井施工风险控制措施：

1）竖井的安全支护工作，要从竖井的正确锁口做起，用钢筋混凝土锁井口，稳定地层和井口表层围岩不松散变形，是正确的锁井口方式。在地质条件特别差的情况下，从施工程序上考虑上部 20 m 左右按照设计体形开挖，每 5 m 左右按照永久衬砌进行混凝土浇筑是安全、可靠的施工方法。

2）保证围岩自身稳定，要从开挖过程做起。在爆破开挖中，控制光爆造孔间距、深度、垂直度完全一致，严格控制超欠挖，限制光爆孔的装药量，确保起爆后光爆残留半孔壁上没有裂纹，井壁齐平。否则，如进行二次欠挖处理，就会破坏围岩自身稳定。人工开挖或钻爆过程不破坏围岩的自身稳定，是竖井安全支护的关键所在。

3）竖井衬砌时涉及安装使用脚手架和模板等诸多支撑体系的高空作业，是潜在的重大危险源。一般竖井深度也比较大，因此模板及其支撑系统在安装过程中，必须首先确保人员的安全，作业人员一定要正确戴好安全帽、佩戴安全带等安全防护用品，做好安全自我防护工作；经医生检查认为不适宜高空作业的人，不得进行高空作业。

4）脚手架和模板支撑体系必须严格按照规范和技术交底要求进行施作，确保牢固、可靠。混凝土浇灌前要做好各项准备工作，尤其是确保混凝土输送管连接以及在竖井内固定的可靠性。另外，要确保商品混凝土的质量和供应的连续性，以避免堵管、爆管等造成危及作业人员安全情况。组合钢模板装拆时，上下应有人接应。钢模板及配件应随装拆随运送，严禁从高处掷下；高空拆模时，应有专人指挥。

11.2.12 矿山法施工垂直运输均通过竖井进行，垂直运输过程中应重点注意以下几点：

1）竖井提升架及设备需经专业施工队安装，并经有关部门验收合格方可使用，提升操作人员需持有特种操作证，否则不能上岗。竖井提升设备中需安装限位器，防止提升过度绞断钢丝绳，造成吊斗坠落。

2）竖井用钢丝绳应根据使用类别及安全系数确定，允许载重量根据安全系数核定，在使用现场挂牌标明；提升斗钢丝绳偏角不应超过 1.5°；吊装时设防护平台或防护网，使用前对钢丝绳、卡具等进行检查验收，符合要求后才能使用；提升设备各部分需设专人检查，发现问题应责成专人限期处理并做好记录。

3）竖井上下设置联动电铃及信号灯，吊放吊斗上下要有统一的信号，有专人指挥，下部人员要躲避在安全处。吊斗上粘有泥块需铲除时，应将吊斗放在地上铲除，严禁悬空铲泥。

4）当提升或制动钢丝绳直径减少 10 % 时，或出现锈蚀严重、点蚀麻坑、外层钢丝松动现象时，需更换。竖井提升装置的连接装置，应根据装置类别选用安全系数适当的装置，使用前用其最大静荷载两倍的拉力进行试验。

5）竖井中每一主要提升装置配备两名司机，由一名开车、另一名监护，工作中司机不能离开工作岗位和调节制动闸。所有人员应通过扶梯上下，扶梯应设防护栏杆。

6）电动葫芦露天作业应搭设防护棚，竖井口应设挡水墙，竖井内应设集水坑并备足抽水设施。

11.3　马头门施工

11.3.1　马头门开挖应根据其结构受力变化特点，选择合理的施工方法和施工顺序，并对结构给以必要的加强和支撑，采取防止破除井壁后土体失稳的措施，避免施工不当造成原结构变形超限，增大地表的沉陷，引起结构破坏。

11.3.2　马头门处为结构受力转换点，做好马头门加固是保证进洞安全的重要措施。应对措施如下：

1）马头门施工前，进行洞口处地质注浆加固，预埋进洞环梁。马头门开洞时连立三榀钢格栅，并与切断的竖井格栅焊接成整体。

2）竖井与风道结合施工时，竖井钢格栅需预埋与风道格栅的连接钢板，并准确定位。

3）井壁在马头门开挖上下方和有临时仰拱位置应密排布置钢架；在开挖横通道时临时仰拱位置密排的钢架和喷射混凝土不破除。洞门两侧钢架应增加竖向连接钢筋或短格栅钢架，增强竖向连接马头门支护施工如图 11.3.2-1 所示，竖井马头门管棚布置如图 11.3.2-2 所示。

图 11.3.2-1　竖井内马头门首榀格栅安装施工

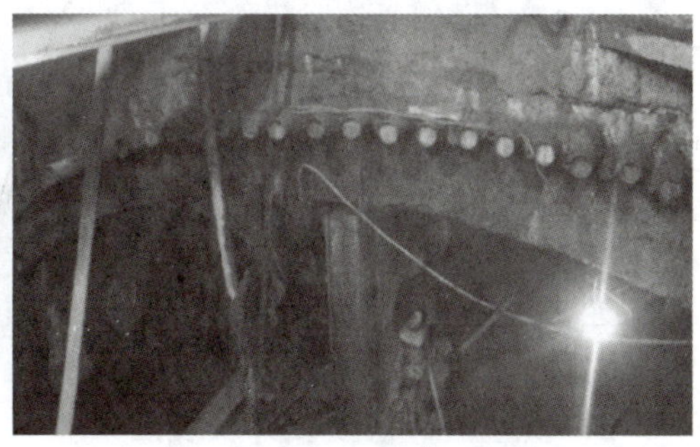

图 11.3.2-2　竖井马头门管棚布置

11.3.3 通道马头门施工时需要破除既有的竖井壁混凝土及钢格栅支护。由于破坏了整个竖井的结构受力使洞口位置处受力重新分布，极易导致该处土体失稳，故施工前应在该位置提前进行加固处理，具体办法如下：

1）插打超前小导管注浆固结地层。

在竖井初期支护施工至马头门处时，应随竖井开挖支护的进行提前沿马头门外轮廓线及即将开口位置插打两排超前小导管，注浆固结地层。

2）加强注浆处理。根据设计标高计算出马头门标高，在竖井开挖到该标高，沿 150° 的轮廓线范围布置双排超前小导管，加强注浆工序，一直到竖井开挖支护完成。根据该位置的围岩的渗透能力和要达到的加固强度，控制注浆压力和浆液的水泥含量，通过加强破口周边土体的注浆，使水泥浆液与该范围的围岩黏结，达到提高围岩稳定性的目的，为后期马头门破除做好施工准备。

3）预埋加强环梁。竖井马头门前，设置好临时支撑，开洞截断竖井格栅钢架处连立三榀通道断面的格栅钢架，且截断竖井格栅钢架与通道断面的格栅钢架焊接牢固。

4）加强监测。施工过程中按照规范要求布设监测点，并在隧道破口前临时补布测点，通过增多监测点，来反映破口后的竖井、地表的变化，在破口前确定竖井水平监测点、竖向监测点、收敛点、地表沉降点等监测点初始值，在隧道破口时，全过程进行监测，及时将测点变化反映到施工，一旦发现测点变化趋势明显或突变立即报告主管部门，采取安全有效措施，启动相关预案，实现信息化施工。

11.4 横通道

11.4.1 横通道即横向连接通道，是由竖井开口处横向连接正洞隧道及两个独立平行的隧道之间的横向连接通道。横通道一般用作施工临时通道，也可设计为区间联络通道等永久结构。

11.4.2 横通道施工应符合下列要求：

1）横通道的开挖，应根据围岩级别、断面大小、设计要求等确定合理的施工方案。采用爆破开挖时，当开挖工作面与正洞的距离小于 10 m 时，应采取近距离控制爆破技术，降低爆破振速。横通道施工应符合设计要求。横通道采用临时仰拱措施开挖作业如图 11.4.2 所示。

图 11.4.2 横通道采用临时仰拱措施开挖作业

2）横通道开挖至设计长度后，及时施作横通道末端堵头墙。

11.4.3 横洞与正洞交叉口施工应符合下列要求：

1）正洞施工应在横通道开挖支护完成后进行。

2）应先加固、后开挖。根据地质情况，横通道与正洞边墙相交的 3 ～ 5 m 范围的初期支护应加强，必要时浇筑混凝土衬砌后再进行开挖。

3）严禁同时对开马头门。

4）横通道进入正洞的门洞应浇筑钢筋混凝土环梁或过梁。

5）横洞与正洞交叉口施工中，应根据具体情况加强变形监测。

6）横洞和平行导坑都应设完整、通畅的排水系统。

11.4.4 横通道二衬施工。联络通道模板采用可调钢模板，弧形断面保证圆顺，直墙断面保证模板平直，固定牢固，确保浇筑混凝土的外观质量。联络通道二次衬砌采取分段分部进行，采取顺作法施工，即先底再墙后顶的施工顺序施工。商品混凝土泵送入模，振动器捣固。施工横通道二衬施工完成并达到 85 % 强度后，方可进行主体隧道的施工。

11.4.5 封闭横通道施工应符合下列要求：

1）横通道封闭前应做好排水设施，并应与正洞的排水设施相结合，形成完整、畅通的排水系统。

2）横洞的洞口应采用钢筋混凝土隔墙或素混凝土封堵，无衬砌时封闭长度宜为 3 ～ 5 m。

3）应在洞口预埋注浆管，待回填完毕后，进行回填注浆密实。

11.5 信号和通信

11.5.1 斜井、竖井提升必须有提升信号。绞车房、井底车场、运输调度、水仓、带式输送机集中控制洞室等主要机电设备和开挖工作面，应安装电话，能与工地调度室直接联系。

11.5.2 信号的设置应符合下列规定：

1）每一台提升绞车均应有独立的信号系统。

2)井口与绞车房之间应采用数字显示的声光兼备的信号装置，并设置直通电话。

3）信号电源应独立、可靠并有电源指示灯。

4）信号系统应简单、可靠，系统上应做到联锁严密，每台提升机应有独立的提升信号，提升信号不得多机共用。

5）信号系统的各种金属外壳应可靠接地。所有信号装置应采用具有短路、过载和漏电保护的照明信号综合保护装置配电。

12　特殊岩土和不良地质地段隧道施工

12.1　一般规定

12.1.1　在修建隧道中，常遇到一些不利于施工的特殊地质地段，如膨胀土围岩、黄土、溶洞、断层、松散地层、流沙、岩爆等。

12.1.2　施工前要认真研究分析工程及水文地质资料，结合现场实际情况，做出风险评估，制定完整的施工技术方案，并结合专项应急救援预案，做好人员组织、技术、物资、机械的储备，预防地质灾害的发生。

12.1.3　软弱破碎围岩宜积极采用岩土控制变形分析法施工技术。

12.1.4　软弱及不良地质隧道仰拱距开挖工作面宜控制在 40 m 以内，洞口段、浅埋段、断层破碎带，二次衬砌应及时施作。

12.1.5　隧道施工中发生地质灾害时，应立即启动应急救援预案。

12.1.6　根据超前地质预报和监控量测的结果及时调整施工方案。

12.1.7　隧道通过特殊地质地段施工时应注意以下几点：

1）施工前应对设计所提供的工程地质和水文地质资料进行详细分析了解，深入细致地做施工调查，制定相应的施工方案和措施，备足有关机具及材料，认真编制和实施施工组织设计，使工程达到安全、优质、高效的目的。反之，即便地质并非不良，也会因准备不足，施工方法不当或措施不力导致施工事故，延误施工进度。

2）特殊地质地段隧道施工，以“先治水、短开挖、弱爆破、强支护、早衬砌、勤检查、稳步前进”为指导原则。在选择和确定施工方案时，应以安全为前提，综合考虑隧道工程地质及水文地质条件、断面形式、尺寸、埋置深度、施工机械装备、工期和经济的可行性等因素而定。同时，应考虑围岩变化时施工方法的适应性及其变更的可能性，以免造成工程失误和增加投资。

3）隧道开挖方式，无论是采用钻爆开挖法、机械开挖法，还是采用人工和机械混合开挖法，应视地质、环境、安全等条件来确定。用钻爆法施工时，光

面爆破和预裂爆破技术，既能使开挖轮廓线符合设计要求，又能减少对围岩的扰动破坏。爆破应严格按照钻爆设计进行施工，如遇地质变化应及时修改完善设计。

4）隧道通过自稳时间短的软弱破碎岩体、浅埋软岩和严重偏压、岩溶流泥地段、砂层、砂卵（砾）石层、断层破碎带以及大面积淋水或涌水地段时，为保证洞体稳定可采用超前锚杆、超前小钢管、管棚、地表预加固地层和围岩预注浆等辅助施工措施，对地层进行预加固、超前支护或止水。

5）为了掌握施工中围岩和支护的力学动态及稳定程度，确定施工工序，保证施工安全，应实施现场监控量测，充分利用监控量测指导施工。对软岩浅埋隧道须进行地表下沉观测，这对及时预报洞体稳定状态、修正施工方案都十分重要。

6）穿过未胶结松散地层和严寒地区的冻胀地层等，施工时除应采取相应的措施外，均可采用锚喷支护施工。爆破后如开挖工作面有坍塌可能时，应在清除危石后及时喷射混凝土护面。如围岩自稳性很差，开挖难以成形，可沿设计开挖轮廓线预打设超前锚杆。锚喷支护后仍不能提供足够的支护能力时，应及早装设钢架支撑加强支护。

7）当采用构件支撑做临时支护时，支撑要有足够的强度和刚度，能承受开挖后的围岩压力。围岩出现底部压力，产生底膨胀现象或可能产生沉陷时应加设底梁。当围岩极为松软破碎时，应采用先护后挖，暴露面应用支撑封闭严密。根据现场条件，可结合管棚或超前锚杆等支护，形成联合支撑。支撑作业应迅速、及时，以充分发挥构件支撑的作用。

8）围岩压力过大，支撑受力下沉侵入衬砌设计断面，必须挑顶（将隧道顶部提高）时，其处理方法是拱部扩挖前发现顶部下沉，应先挑顶后扩挖。当扩挖后发现顶部下沉，应立好拱架和模板，先灌筑满足设计断面部分的拱圈，待混凝土达到所需强度并加强拱架支撑后，再行挑顶灌筑其余部分。挑顶作业宜先护后挖。

9）对于极松散的未固结围岩和自稳性极差的围岩，当采用先护后挖法仍不能开挖成形时，宜采用压注水泥砂浆或化学浆液的方法，以固结围岩，提高其自稳性。

10）特殊地质地段隧道衬砌，为防止围岩松弛，地压力作用在衬砌结构上，致使衬砌出现开裂、下沉等不良现象。因此，采用模筑衬砌施工时，除遵守隧道施工技术规范的有关规定外，还应注意的是，当拱脚、墙基松软时，灌筑混凝土前应采取措施加固基底。衬砌混凝土应采用高强度等级或早强水泥，提高混凝土强度等级，或采用掺速凝剂、早强剂等措施，提高衬砌的早期承载能力。仰拱施工，应在边墙完成后抓紧进行，或根据需要在初期支护完成后立即施作仰拱，使衬砌结构尽早封闭，构成环形改善受力状态，以确保衬砌结构的长期稳定坚固。

12.2 富水软弱破碎围岩

12.2.1 富水软弱破碎围岩隧道的开挖应符合下列规定：

1）根据超前地质预报分析结果，采取防塌预防措施，保证开挖工作面的稳定。

2）洞内涌水对周边生态环境影响较大时，宜采用注浆堵水措施。当隧道埋深在 20 m 以内时，可采用地表注浆；当隧道埋深超过 20 m 时，则应采用开挖工作面预注浆。

3）单线隧道宜采用台阶法预留核心土环形开挖；双线和多线隧道宜采用中隔壁法、交叉中隔壁法或双侧壁导坑法，并尽早使初期支护封闭成环。

4）开挖循环进尺不宜超过 0.75 m。

12.2.2 富水软弱破碎围岩隧道的二次衬砌施工应符合下列规定：

1）二次衬砌在初期支护完成后应尽快施作，并予以加强。

2）仰拱必须超前施作，尽早形成闭合结构。

12.2.3 在承压水地段，若容许限量排水，衬砌背后的排水管道必须顺畅地连接到隧道排水沟，防止地下水在衬砌背后聚集对其形成压力；若不容许排水，应修筑抗水压衬砌。

12.3 膨胀土围岩

12.3.1 膨胀土围岩大多具有原始地层的超固结特性，使土体中储存有较高的初始应力。当隧道开挖后，引起围岩应力释放，强度降低，产生卸荷膨胀。因此，膨胀土围岩常常具有明显的塑性流变特性，开挖后将产生较大的塑性变形。

12.3.2 膨胀土围岩隧道的施工应符合下列规定：

1）加强调查、量测围岩的压力和流变。在膨胀土地层中开挖隧道，除了认真实施设计文件所提出的技术要求外，在施工过程中应对围岩压力及其流变情况进行充分的调查和量测，分析其变化规律。对地下水亦应探明分布范围及规律，了解水对施工的影响程度，以便根据围岩动态采取相应的施工措施。如原设计难以适应围岩动态情况，也可据此进行适当修正。

2）合理选择施工方法。膨胀土隧道围岩压力的施工效应，是导致隧道变形病害的主要原因。采用合理的施工方法，对隧道的稳定性有着十分重要的作用。因

此，在施工中应以尽量减少对围岩产生扰动和防止水的浸湿为原则，宜采用无爆破掘进法，如采用掘进机、风镐、液压镐等开挖。在开挖过程中尽可能缩短围岩暴露时间，并及时衬砌，以尽快恢复洞壁因土体开挖而解除的部分围岩应力，减少围岩膨胀变形。

3）防止围岩湿度变化。隧道开挖后，膨胀土围岩风干脱水或浸水，都将引起围岩体积变化，产生胀缩效应。因此，隧道开挖后及时喷射混凝土，封闭和支护围岩。在有地下水渗流的隧道，应采取切断水源并加强洞壁与坑道防、排水措施，防止施工积水对围岩的浸湿等。如局部渗流，可采用注浆堵水阻止地下水进入坑道或浸湿围岩。

4）膨胀土围岩支护必须适应围岩的膨胀特性。在施工时应注意以下几点：

（1）喷锚支护，稳定围岩。喷锚支护作为开挖膨胀土围岩的施工支护，可以加强围岩的自承能力，允许有一定的变形而又不失稳。采用喷锚支护，应紧跟开挖，必要时在喷射混凝土的同时采用钢筋网，也可采用钢纤维混凝土提高喷层的抗拉和抗剪能力。当膨胀压力很大时，可用锚喷及钢架或格栅联合支护，在隧道底部打设锚杆，也可以在隧道顶部打入超前锚杆或小导管支护。膨胀土围岩隧道的支护，尽可能使其在开挖面周壁上迅速闭合。如果是台阶开挖，可在上半部开挖后尽快做出半部闭合，使围岩尽早受到约束。

（2）衬砌结构及早封闭。膨胀土围岩隧道开挖后，围岩向内挤压变形一般是在四周同时发生，所以施工时要求隧道衬砌及早封闭。从理论上讲，拱部、边墙及仰拱宜整体完成，衬砌受力条件最好，但受施工条件的限制往往难以实现。因此，在灌筑拱圈部分时，应在上台阶的底部先设置临时混凝土仰拱或喷射混凝土做临时仰拱，以使拱圈在边墙、仰拱未完成前，自身形成临时封闭结构。当进行下部台阶施工时，再拆除临时仰拱，并尽快灌筑永久性仰拱。

12.4 风积沙、含水砂层

12.4.1 隧道通过风积沙和含水砂层时，应将防水工作放在首位，含水砂层可采用注浆、冻结等方法止水、固结。

12.4.2 风积沙和含水砂层隧道的开挖应符合下列规定：

1）风积沙层隧道开挖应遵循“先支护、后开挖”的原则；含水砂层隧道开挖应遵循“先治水、后开挖”的原则。

2）根据隧道断面大小，宜采用交叉中隔壁法、中隔壁法或临时仰拱台阶法开挖，并应严格控制一次循环进尺长度。

3）开挖时应及时监测拱部支护的实际下沉量，当预留变形量过大或不足时，应及时调整。

12.4.3 隧道的支护应符合下列规定：

1）可采用注浆方法固结砂层，插板做超前支护。

2）支护应及时，边挖边喷射混凝土封闭，遇缝必堵，严防砂粒从支护缝隙中漏出。

12.4.4 先护后挖，加强支护：开挖时必须采取自上而下分部进行，先护后挖，密闭支撑，边挖边封闭，遇缝必堵，严防砂粒从支撑缝隙中逸出。也可采用超前注浆，以改善围岩结构，用水泥浆或水泥水玻璃为主的注浆材料注入或用化学药液注浆加固地层，然后开挖。

12.4.5 尽早衬砌，封闭成环：流沙地段，拱部和边墙衬砌混凝土的灌筑应尽量缩短时间，尽快与仰拱形成封闭环。这样，即使围岩中出现流沙也不会对洞身衬砌造成破坏。

12.4.6 开挖地段的排水沟应铺砌、抹墁，或用管、槽等将水引至已二次衬砌地段排出洞外。

12.4.7 风积沙和含水砂层隧道的二次衬砌应及早施作。

12.5 瓦斯

12.5.1 隧道施工时通过地质预报或施工检测表明隧道内存在瓦斯，应定为瓦斯隧道，联系设计单位重新勘测地质，按瓦斯隧道施工的要求组织施工。

12.5.2 瓦斯隧道、瓦斯工区、含瓦斯地段的分类及分级应符合有关规定。

12.5.3 瓦斯隧道施工应建立专门机构进行通风、防突、防爆及瓦斯检测工作，设置消防设施，编制专项应急预案。高瓦斯工区及瓦斯突出工区应配备救护队。

12.5.4 开工前必须对施工作业人员及管理人员进行安全技术培训，作业人员必须持证上岗。

12.5.5 瓦斯隧道煤系地层宜采用台阶法施工，上下断面的距离应根据围岩的稳定和通风需要确定。

12.5.6 瓦斯工区钻爆作业应符合下列规定：

1）必须采用湿式钻眼。

2）炮眼深度不应小于 0.6 m，炮眼应清除干净，炮眼封泥不严或不足不得进行爆破。

3）必须采用煤矿许用炸药，有突出地段必须使用安全等级不低于三级的煤矿许用的含水炸药。

4）瓦斯工区必须采用电力起爆，必须采用煤矿许用电雷管，严禁使用秒或半秒级电雷管；使用煤矿许用毫秒延期电雷管时，最后一段的延期时间不得大于130 ms。

5）严禁反向装药。

6）爆破网路必须采用串联连接方式，严禁将瞬发电雷管与毫秒电雷管在同一串联网路中使用。

7）必须使用防爆型起爆器作为起爆电源，一个开挖面不得同时使用两台及以上起爆器起爆。

8）在非瓦斯工区进行爆破作业时，爆破12 min后应巡视爆破地点，检查通风、瓦斯、煤尘、瞎炮、残炮等情况，如有危险必须立即处理。在瓦斯突出工区，揭煤爆破12 min后，应由救护队员佩戴防毒面具或自救器到工作面对爆破效果、瓦斯浓度等进行检查，确认安全后方可通知送电、开动局部通风机；通风30 min后，由瓦斯检测人员检测工作面、回风流瓦斯浓度；在瓦斯浓度小于1 %，二氧化碳浓度小于1.5 %后，方可解除警戒，允许工作人员进入开挖工作面。

12.5.7　瓦斯突出隧道，应单独编制预防煤与瓦斯突出和揭煤、过煤的实施性施工组织设计，并制定包括技术、组织、安全、通风、抢险、救护等技术组织措施。

12.5.8　瓦斯突出隧道施工，应采用下列防突技术措施：

1）接近突出煤层前，必须对设计标示的各突出煤层位置进行超前探测，标定各突出煤层准确位置，掌握其赋存情况及瓦斯状况。

2）施工时，应至少选用下列五种方法中的两种对突出危险性进行预测，并相互验证：

（1）瓦斯压力法；

（2）综合指标法；

（3）钻屑指标法；

（4）钻孔瓦斯涌出初速度法；

（5）“R”指标法。

3）防治煤与瓦斯突出宜采用钻孔排放的措施。

4）防突措施实施后，必须进行效果检验。

12.5.9　石门揭煤时掘进到距石门5～10 m时应打多个超前钻孔，揭开煤层前开挖工作面至煤层之间必须留一定厚度的岩墙：急倾斜煤层留2 m；缓倾斜煤层留1.5 m。当煤层压力小于1 MPa时采用振动放炮；大于1 MPa时应先排气降压，然后再放炮揭煤。

12.5.10 石门揭煤应符合下列规定：

1）揭煤前应进行石门揭煤设计，其内容包括揭开石门、半煤半岩段、全煤层段等各阶段施工方法、支护手段、组织指挥、抢险救灾方案及安全措施等。

2）石门揭煤方法应根据煤层的倾角、厚度选用。

3）石门揭煤爆破应在洞外起爆，洞内必须停电且停止一切作业，人员撤至洞外。

4）揭开煤层后，应检验工作面前方 10 m 上、中、下、左、右范围内煤与瓦斯突出的危险性，确保工作面前方有 5 m 的安全区。

12.5.11 半煤半岩段与全煤层段掘进、支护和二次衬砌施工应符合下列规定：

1）每循环进尺不宜超过 1.0 m，在全煤层中必须采用煤矿电钻钻孔，应少钻孔、少装药。

2）在半煤半岩中掘进应在岩石炮眼中装药；煤层需爆破时，必须采用松动爆破。

3）在软弱破碎岩层或煤层中掘进，应采用超前支护或预注浆，防止坍塌或瓦斯突出。

4）爆破后应及时喷锚支护，及早施作二次衬砌，及时封闭瓦斯。

5）仰拱应及早施工，保证拱、墙、仰拱衬砌能够形成闭合结构。

6）煤系地层段的二次衬砌应预留注浆孔，二次衬砌完成后应及时注浆，充填空隙，封闭瓦斯。

12.5.12 瓦斯隧道的施工通风应符合下列规定：

1）施工组织设计中，应编制全隧道和各工区的施工通风设计，并考虑各工区贯通后的风流调整和防爆要求。

2）施工期间，应建立瓦斯通风监控、检测的组织系统，测定气象、瓦斯浓度、风速、风量等参数。低瓦斯工区可用便携式瓦检仪，高瓦斯工区和瓦斯突出工区除便携式瓦检仪外，还应配置高浓度瓦检仪和瓦斯自动检测报警断电装置。

3）瓦斯隧道各掘进工作面必须独立通风，通风方式均应选择压入式，严禁任何两个工作面之间串联通风。

4）瓦斯隧道压入式通风主风机风管末端距离开挖工作面为 30 m 左右，但在主风机风管末端位置需要设风扇，风扇工作时的风管口距离开挖工作面宜不大于 5 m。

5）瓦斯隧道需要的风量，必须按照爆破排烟、同时工作的最多人数以及瓦斯绝对涌出量分别计算，并按允许风速进行检验，采用其中的最大值。

6）按瓦斯绝对涌出量计算风量时，对于低瓦斯工区，应将洞内各处的瓦斯浓度稀释到 0.5 % 以下；对于高瓦斯工区和瓦斯突出工区，其长度较大的独头

巷道，应能将工作面风流中的瓦斯浓度稀释到 0.5 % 以下；用平行导坑做巷道式通风的回风道时，平行导坑的瓦斯浓度应小于 0.75 %。超过时，应采取稀释措施。

7）施工中防止瓦斯积聚的风速不宜小于 1 m/s。对瓦斯易于积聚处，应实施局部通风。

8）施工期间，应实施连续通风。因检修、停电等原因停风时，必须撤出人员，切断电源。恢复通风前，必须检查瓦斯浓度，符合规定后才可启动机器。

9）瓦斯工区的通风机应设两路电源，并装设风电闭锁装置。当一路电源停止供电时，另一路应在 12 min 内接通，保证风机正常运转。

10）必须有一套同等性能的备用通风机，并经常保持良好的状态。

11）应采用抗静电、阻燃的风管。

12）隧道贯通后，应继续加强通风，防止瓦斯局部积聚。

12.5.13 隧道内瓦斯浓度限制值及超限处理措施应符合表 12.5.13 的规定。

表 12.5.13 隧道内瓦斯浓度限制值及超限处理措施

序号	地点	限值 / %	超限处理措施
1	低瓦斯工区任意处	0.5	超限处 20 m 范围内立即停工，查明原因，加强通风监测
2	局部瓦斯积聚（体积大于 0.5 m^3）	2.0	附近 20 m 停工，撤人，断电，进行处理，加强通风
3	开挖工作面风流中	1.0	停止电钻钻孔
4	煤层爆破后工作面风流	1.0	超限时继续通风不得进人
5	局部通风机及电气开关 20 m 范围内	0.5	超限时应停机并不得启动
6	钻孔排放瓦斯时回风流中	1.5	超限时撤人，停电，调整风量
7	竣工后洞内任何处	0.5	超限时查明渗漏点，并向设计单位反映，增加运营通风设备

12.5.14 高瓦斯工区和瓦斯突出工区供电应配置两套电源。工区内采用双电源线路，其电源线上不得分接隧道以外的任何负荷。

12.5.15 隧道内高瓦斯工区和瓦斯突出工区必须采用安全防爆型机电设备。非瓦斯工区和低瓦斯工区的机电设备可使用非防爆型，其行走机械严禁驶入高瓦斯工区和瓦斯突出工区。

12.5.16 瓦斯隧道洞口设置值班房，必须坚持 24 h 值班，值班房设洞内工序状态揭示牌，所有进洞人员分工序挂牌上岗、下班摘牌离岗，其他人员进洞须经过

批准后方可进入，洞内施工机械实行进出登记制度，并建立详细记录台账。

12.5.17 瓦斯隧道严禁火源进洞并防止火源的出现。进入瓦斯突出工区的作业人员必须携带个人自救器。

12.5.18 发生瓦斯事故后，应尽快探明事故性质、原因、范围、遇难人数和事故地点所在的位置，以及洞内瓦斯及通风情况，第一时间启动应急预案。

12.6 黄土隧道

12.6.1 黄土隧道的施工应根据隧道断面大小、围岩级别采用台阶法、三台阶弧形导坑法、双侧壁导坑法、CRD 法等。

12.6.2 黄土隧道的施工应根据断面大小采用机械或人工挖掘，应优先采用机械开挖。

12.6.3 黄土隧道施工，应做好黄土中构造节理的产状与分布状况的调查。对因构造节理切割而形成的不稳定部位，在施工时加强支护措施，防止坍塌，以便安全施工。

12.6.4 施工中应遵循“短开挖、少扰动、强支护、实回填、严治水、勤量测”的施工原则，紧凑施工工序，精心组织施工。

12.6.5 黄土围岩开挖后暴露时间过长，围岩周壁风化至内部，围岩体松弛加快，进而发生坍方。因此，宜采用复合式衬砌，开挖后以喷射混凝土、锚杆、钢筋网和钢支撑做初期支护，以形成严密的支护体系。必要时可采用超前锚杆、管棚支撑加固围岩。在初期支护基本稳定后，进行永久支护衬砌。衬砌背后回填要密实，尤其是拱顶回填。

12.6.6 黄土隧道施工防排水应符合下列规定：

1）进洞前按设计做好洞顶、洞门及洞口的防排水系统，排水沟应进行铺砌，防止地表水下渗。

2）雨季前应做好隧道洞门。

3）对地表冲沟、陷穴、裂缝等应采取回填夯实、填土反压、改变地表水径流等措施，将水排至隧道范围以外；洞口浅埋段地表冲沟、陷穴、裂缝等除采用上述方法处理外，还应用砂浆抹面，以免下渗水影响结构安全。

4）地层含水量大时，上、下台阶开挖工作面附近宜开挖横向水沟，将水引至隧道中部纵向排水沟（宜采用管、槽）排出洞外，以免浸泡拱脚。

5）必要时应配合井点降水等措施将地下水位降至隧道仰拱底部以下 1.5 m，确保施工顺利进行。

12.6.7 黄土隧道的开挖应符合下列规定：

1）双线Ⅳ级围岩、单线Ⅴ级围岩宜采用三台阶弧形导坑法；双线Ⅴ级围岩宜采用交叉中隔壁法（CRD 法）；双线Ⅴ级围岩洞口浅埋或偏压段宜采用双侧壁导坑法。开挖方法除考虑围岩级别外，还应结合土层含水率、施工中变形监测结果综合考虑。

2）墙脚、拱脚等隅角处应预留 60 ～ 70 cm 人工开挖，严禁超挖。

3）开挖循环进尺根据不同围岩级别采用 0.5 ～ 1.5 m。

4）湿陷性黄土隧道基底可采用树根桩、灰土挤密桩、注浆、换填等处理措施。

5）施工中如发现突水、变形异常等不安全因素时，应暂停开挖，加强临时支护，调整施工方案。

6）合理选择工序步距。小型机械作业宜选择上台阶长 5 m，下台阶长 12 m。开挖工作面距仰拱和填充的距离为 20 ～ 30 m；仰拱与拱墙衬砌之间距离为 20 ～ 30 m，当围岩级别低、含水率大时应适当缩短距离。

7）仰拱开挖前应先拆除下部水平横撑，拆除长度应与仰拱长度一致，按先左后右，先上后下顺序进行，不得超长度拆除。

8）严格控制施工用水，采用湿喷工艺，拌合用水在拌合站控制，喷完后用高压风代替水吹洗湿喷机；喷射混凝土和仰拱、填充、二衬混凝土均采用喷雾器喷雾养护取代洒水养护；严格控制混凝土拌合用水，避免混凝土泌水浸泡黄土隧道基底。

12.6.8 黄土隧道初期支护施工应符合下列规定：

1）施工中应参考设计文件采用适宜的预留变形量。

2）施工中要特别注意观察垂直节理，应在拱脚设置测点，监视拱脚下沉的状态。必要时应采取工程措施，防止拱部整体下沉和塌方事故的发生。

3）特殊地段需要施作护拱的应采用大拱脚。

4）开挖后应立即对隧道周边及开挖工作面进行喷射混凝土封闭，并及时施作锚杆、钢筋网及型钢钢架。

5）当洞身黄土含水量较大时，应采用煤矿螺旋钻成孔；锚杆宜采用药包式或早强砂浆式锚杆，各种锚杆必须设置垫板。

6）钢架基脚或分部开挖基脚等处设置注浆锁脚锚杆（管）或设置垫板，以控制钢架沉降。钢架每侧应施作锁脚锚杆（管）不少于 2 ～ 4 根，锁脚锚杆直径不小于 22 mm，长度不少于 3.5 m，外插角 35 ～ 40°，必要时采用锁脚锚管。

12.7 溶洞

12.7.1 溶洞是以岩溶水的溶蚀作用为主，间有潜蚀和机械塌陷作用而造成的基本水平方向延伸的通道。当隧道穿过可溶性岩层时，有的溶洞岩质破碎，容易发生坍塌。

12.7.2 隧道遇到溶洞的处理措施：

1）隧道通过岩溶区，应查明溶洞分布范围和类型，岩层的完整稳定程度、填充物和地下水情况，以确定施工方法。

2）隧道穿过岩溶区，如岩层比较完整、稳定，溶洞已停止发育，有比较坚实的填充，且地下水量小，可采用探孔或物探等方法，探明地质情况，如有变化则采取相应的措施。如溶洞还在发育或穿越暗河水囊等岩溶区，则必须探明地下水量大小、水流方向等，先要解决施工中的排水问题，一般可采用平行导坑的施工方案，以超前钻探方法，向前掘进。当出现大量涌水、流石流泥、崩坍落石等情况时，平导可作为泄水通道，正洞堵塞时也可利用平导在前方开辟掘进工作面，不致正洞停工。

3）岩溶地段隧道常用处理溶洞的方法，有“引、堵、越、绕”四种。

（1）引。遇到暗河或溶洞有水流时，直排不宜堵。应在查明水源流向及其与隧道位置的关系后，用暗管、涵洞、小桥等设施宣泄水流或开凿泄水洞将水排出洞外。当岩溶水流的位置在隧道顶部或高于隧道顶部时，应在适当距离处，开凿引水斜洞（或引水槽）将水位降低到隧底标高以下，再行引排。当隧道设有平行导坑时，可将水引入平行导坑排出。

（2）堵。对已停止发育、跨径较小、无水的溶洞，可根据其与隧道相交的位置及其充填情况，采用混凝土、浆砌片石或干砌片石予以回填封闭；或加深边墙基础，加固隧道底部。当隧道拱顶部有空溶洞时，可视溶洞的岩石破碎程度在溶洞顶部采用锚杆或锚喷网加固，必要时可考虑注浆加固并加设隧道护拱及拱顶回填进行处理。

（3）越。当隧道一侧遇到狭长而较深的溶洞时，可加深该侧的边墙基础通过。隧道底部遇有较大溶洞并有流水时，可在隧道底部以下砌筑圬工支墙，支撑隧道结构，并在支墙内套设涵管引排溶洞水。隧道边墙部位遇到较大、较深的溶洞，不宜加深边墙基础时，可在边墙部位或隧底以下筑拱跨过。当隧道中部及底部遇有深狭的溶洞时，可加强两边墙基础，并根据情况设置桥台架梁通过。隧道穿过大溶洞，情况较为复杂时，可根据情况，采用边墙梁、行车梁等，由设计单位负责特殊设计后施工。

（4）绕。在岩溶区施工，个别溶洞处理耗时且困难时，可采取迂回导坑绕过溶洞，继续进行隧道前方施工，并同时处理溶洞，以节省时间，加快施工进度。绕行开挖时，应防止洞壁失稳。

12.7.3 溶洞地段隧道施工应符合下列规定：

1）当施工达到溶洞边缘，各工序应紧密衔接，支护和衬砌提前。同时，应利

用探孔或物探做超前预报，设法探明溶洞的形状、范围、大小、充填物及地下水等情况，据以制定施工处理方案及安全措施。

2）施工中注意检查溶洞顶部，及时处理危石。当溶洞较大较高且顶部破碎时，应先喷射混凝土加固，再在靠近溶洞顶部附近打入锚杆，并应设置施工防护架或钢筋防护网。

3）在溶蚀地段的爆破作业应尽量做到多打眼、打浅眼，并控制爆破药量，减少对围岩的扰动，防止在一次爆破后溶洞内的填充物突然大量涌入隧道，或溶洞水突然袭击隧道，造成严重损失。

4）在溶洞充填体中掘进，如充填物松软，可用超前支护施工。如充填物为极松散的砾石、块石堆积或流塑状黏土及砂黏土等，可于开挖前采用地表注浆、洞内注浆或地表和洞内注浆相结合加固。如遇颗粒细、含水率高的流塑状土壤，可采用劈裂注浆技术，注入水泥浆或水泥 — 水玻璃双液浆进行加固。

12.8 高原冻土隧道

12.8.1 高原冻土隧道洞口段应根据季节温度的变化，进行保温施工，尽可能安排在非冻季节施工，并应符合下列规定：

1）洞口边、仰坡的开挖应遵循“快开挖、快防护”的原则，力求缩短洞口边、仰坡的暴露时间。

2）开挖时，采用分段、分层开挖，并采取保温措施。

3）开挖时采用预留光爆层光面爆破，减少一次起爆装药量，周边眼间隔装药。

4）开挖前，搭设明洞遮阳棚。厚层地下冰暴露部分采用保温板和复合防水板覆盖。明洞开挖后，边坡和基底用粗颗粒土及时换填，然后喷射混凝土封闭。

5）施工中应加强监测、检查山坡稳定的情况，并在基面位置开挖一定宽度的排水槽。

12.8.2 洞身施工应符合下列规定：

1）温暖季节，为避免冻融，应采取空调措施，降低洞内环境温度。

2）开挖爆破后，应尽快用喷射混凝土封闭围岩表面，控制围岩表层融化。

3）洞内出碴、进料宜采用有轨运输。

4）加强测温工作，进行科学有效的温控工作。

5）施工前，必须对机械设备的选型及配套进行研究，确定适宜的机械配套方案。

6）施工中应加强试验工作，研究合理的施工工艺及施工保障措施，选择合理

的支护方式及支护结构，确保砂浆、喷射混凝土、衬砌混凝土的施工质量。

12.8.3 衬砌施工应符合下列规定：

1）加快模筑混凝土衬砌速度，确保模筑混凝土衬砌紧跟工作面。

2）低温早强混凝土应连续、对称灌注。

3）灌筑低温早强混凝土时，其相邻接触面的温度在 −5 ℃以上时，可不予加热，但要提高入模温度并加强覆盖保温。

4）低温早强混凝土拌合温度不高于 30 ℃，拌合时抗冻剂先溶化于拌合水中，加气剂宜待混凝土拌合约 30 s 后加入；拌合的材料质量和抗冻剂掺入量需严格按设计控制。

5）根据地质情况变化，围岩稳定状态，监测喷射混凝土和模筑混凝土入模温度或硬化期混凝土温度状况，及时修改设计参数或改变施工方法。

6）对衬砌完成地段，继续观察其稳定性，注意衬砌的变形开裂、侵入净空等现象，及时记录，以便与设计单位共同处理，并做出长期稳定性的评价。

7）混凝土拆模应满足本指南 9.2.7 条规定。

8）保证混凝土养护温度，防止冻害。

12.8.4 高原冻土隧道施工中应采取有效的防排水措施以防止高寒隧道冻胀破坏，其防排水、隔热保温层除符合设计要求外，还应符合下列要求：

1）为防止隧道运营后冻胀破坏和厚层地下冰热融圈扩大，在衬砌前全断面铺设隔热保温板。

2）洞内应设双侧保温水沟，洞外应设深埋保温暗沟，将水排至地表沟内。

3）靠近支护的隔热保温层一侧设复合防水板，另一侧设防水保护层，以防保温层受潮及破坏。

4）衬砌采用低温早强防水混凝土，最大限度地提高混凝土自防水能力。

5）按设计要求进行施工缝处理，确保衬砌不渗不漏。

12.8.5 高原冻土隧道供水设施宜布置在洞内，并通过增压泵、高压风等加压降阻措施来满足施工需求。

12.8.6 高原隧道施工的劳动保护措施除应符合国家相关要求外，还应符合下列规定：

1）参加施工的人员进入高原地区，要遵循“阶梯升高”的原则，到驻地后 3 天至 1 周内要保证充分休息或从事少量的轻体力劳动。

2）在进入高原过程中，要严格防止感染和过度疲劳。

3）施工期间，洞内作业工时不应超过 4 h。

4）施工中尽量采用机械化作业，体力劳动强度保持在次重及中等强度以下，如必须从事大强度的体力劳动，应尽可能缩短一次持续劳动时间，增加劳动、休息的交替次数。

5）职工应采用轮休制，在高原工地工作 3 个月后，再回平原基地休息 2 个月进行调养。

6）施工期间发生高原反应不能坚持者，应及时返回海拔 3 000 m 以下的地区。

7）在隧道施工时，必须根据高原的实际情况，研究确定合理的通风及供氧方式，选择合适的通风及供氧设备，保证隧道施工人员的健康与安全。

12.8.7 施工时必须采取一切措施，保护生态环境，将施工影响降至最低。

13 监控量测

13.1 一般规定

13.1.1 监控量测工作必须紧接开挖、支护作业，应按设计要求进行布点和监测，并根据现场施工情况及时调整量测项目和内容。量测数据应及时分析处理，并将结果反馈到施工过程。

13.1.2 监控量测应纳入施工工序，并贯穿施工的全过程，为施工管理及时提供以下信息：

1）围岩稳定性、支护结构承载能力和安全信息。

2）二次衬砌合理的施作时间。

3）为施工中调整围岩级别、完善设计方案及参数、优化施工方案及施工工艺提供依据。

13.1.3 监控量测的管理必须科学合理，施工中应按监测计划实施，工程竣工后将监测资料整理归档并纳入竣工文件。

13.1.4 施工现场应成立专门的监控量测小组，责任落实到人，并建立相应的质量保证体系，确保监控量测工作的有效实施，监测资料完整清晰。

13.1.5 现场监控量测工作应包括现场情况的初始调查、编制实施性监控量测计划、测点布设及取得初始监测值、现场监测、提交监测结果、报送周（月）报和编写总结报告。

13.1.6 根据监测精度要求，应减小系统误差，控制偶然误差，避免人为错误。应经常采用相关方法对误差进行检验分析。

13.1.7 监控量测组负责测点的埋设、日常测量、数据处理和仪器保养维修及送检等工作，并及时将监控量测信息反馈给施工和设计单位。

13.2 监控量测项目和技术要求

13.2.1 隧道监控量测的项目应根据工程特点、规模和设计要求综合选定。量测项目可分为必测项目和选测项目两大类（见表 13.2.1-1、表 13.2.1-2）。必测项目在采用喷锚构筑法施工时必须进行；选测项目应根据工程规模、地质条件、隧道埋深、开挖方法及其他要求进行选择。

表 13.2.1-1　监控量测必测项目

序号	监测项目	常用量测仪器	备注
1	洞内、外观察	现场观察、数码相机、罗盘仪	—
2	拱顶下沉	水准仪、钢挂尺或全站仪	—
3	净空变化	收敛计、全站仪	—
4	地表沉降	水准仪、铟钢尺或全站仪	隧道浅埋段

表 13.2.1-2　监控量测选测项目

序号	监测项目	常用量测仪器
1	围岩压力	压力盒
2	钢架内力	钢筋计、应变计
3	喷射混凝土内力	混凝土应变计
4	二次衬砌内力	混凝土应变计、钢筋计
5	初期支护与二次衬砌间接触压力	压力盒
6	锚杆轴力	钢筋计
7	隧底隆起	水准仪、铟钢尺或全站仪
8	围岩内部位移	多点位移计
9	爆破振动	振动传感器、记录仪
10	孔隙水压力	水压计
11	水量	三角堰、流量计
12	纵向位移	多点位移计、全站仪

13.2.2 隧道开挖后应及时进行地质素描，有条件时应进行数码成像技术。

13.2.3 初期支护完成后应进行喷层表面裂缝的观察和记录。

13.2.4 分部开挖法施工的隧道，每个分部施工中应根据工程特点在表 13.2.1-1、表 13.2.1-2 中所列项目选择必测项目。

13.2.5 浅埋隧道地表沉降测点应在隧道开挖前布设。地表沉降测点和隧道内测点应布置在同一里程断面。一般条件下地表沉降测点纵向间距应按表 13.2.5 要求布置。

表 13.2.5 地表沉降测点纵向间距

埋深与开挖宽度	纵向测点间距 / m
$2B>H_0>2.5B$	20 ～ 50
$B<H_0\leqslant 2B$	10 ～ 20
$H_0\leqslant B$	5 ～ 10
注：H_0—隧道埋深；B—隧道最大开挖宽度	

13.2.6 地表沉降测点横向间距为 2 ～ 5 m。在隧道中线附近测点应适当加密，隧道中线两侧量测范围应不小于 H_0+B，地表有控制性建（构）筑物时，量测范围应适当加宽，测点布置如图 13.2.6 所示。

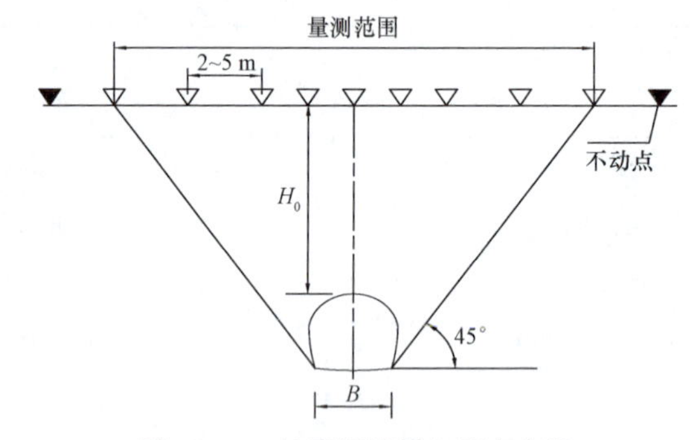

图 13.2.6 地表沉降横向测点布置

13.2.7 拱顶下沉测点和净空变化测点应布置在同一断面上。监测断面及测点按表 13.2.7 要求布置。拱顶下沉测点原则上设置在拱顶轴线附近。当隧道跨度较大时，应在拱顶部位设置 3 个测点。

表 13.2.7 必测项目监测断面间距

围岩级别	断面间距 / m
Ⅴ～Ⅵ	5 ～ 10
Ⅳ	10 ～ 30
Ⅲ	30 ～ 50
注：Ⅱ级围岩视具体情况确定间距	

13.2.8 净空变化量测测线数参照按表 13.2.8 的要求布置。

表 13.2.8　净空变化量测测线数

开挖方法＼地段	一般地段	特殊地段
全断面法	一条水平测线	—
台阶法	每台阶一条水平测线	每台阶一条水平测线，两条斜测线
分部开挖法	每分部一条水平测线	上部每分部一条水平测线，两条斜测线，其余分部一条水平测线

13.2.9 选测项目应根据设计和施工的特殊要求确定，监测断面应视需要而定，优先在施工初始阶段布置。

13.2.10 不同断面的测点应布置在相同部位，测点应尽量对称布置，以便数据的相互验证。

13.2.11 必测项目的监测频率应根据测点的距开挖面距离及位移速度分别按表 13.2.11-1、表 13.2.11-2 确定。

表 13.2.11-1　按距开挖面距离确定的监测频率

监测断面距开挖面距离 /m	监测频率
（0～1）B	2 次 /d
（1～2）B	1 次 /d
（2～5）B	1 次 /（2～3 d）
＞ $5B$	1 次 /（7 d）

注：（1）B 为隧道最大开挖宽度。
（2）出现异常情况或不良地质时，应增大监测频率。
（3）由位移速度决定的监测频率和由距开挖面的距离决定的监测频率之中，原则上采用较高的频率值

表 13.2.11-2　按位移速度确定的监测频率

位移速度 /（$mm \cdot d^{-1}$）	监测频率
≥ 5	2 次 /d
1～5	1 次 /d
0.5～1	1 次 /（2～3 d）
＜ 0.5	1 次 /（7 d）

13.2.12 监控量测控制基准应包括隧道内位移、地表沉降、爆破振动等控制基准。

1）地表沉降控制基准根据地层稳定性、周围建（构）筑物的安全要求分别确定，取最小值。

2）爆破振动控制基准根据支护结构、边坡稳定性、周围建（构）筑物的安全性确定。

3）位移控制基准根据测点距开挖面的距离确定，可参考表 13.2.12 的要求确定。

表 13.2.12 位移控制基准

类别	距开挖面 1*B*（U_{1B}）	距开挖面 2*B*（U_{2B}）	距开挖面较远
允许值	65 %U_0	90 %U_0	100 %U_0
注：*B*—隧道最大开挖宽度；U_0—极限相对位移值			

13.2.13 位移管理等级按三级管理确定，相应的位移管理等级见表 13.2.13。

表 13.2.13 位移管理等级

管理等级	距开挖面 1*B*	距开挖面 2*B*
Ⅲ	$U<\frac{U_{1B}}{3}$	$U<\frac{U_{2B}}{3}$
Ⅱ	$\frac{U_{1B}}{3}\leqslant U\leqslant\frac{2}{3}U_{1B}$	$\frac{U_{2B}}{3}\leqslant U\leqslant\frac{2}{3}U_{2B}$
Ⅰ	$U>\frac{2}{3}U_{1B}$	$U>\frac{2}{3}U_{2B}$
注：*U*—实测位移值		

13.2.14 爆破振动控制基准按表 13.2.14 要求确定，并应满足下列要求：

表 13.2.14 爆破振动控制基准

序号	保护对象类别	安全允许振速 /（$cm\cdot s^{-1}$）		
		<10 Hz	10 ～ 50 Hz	50 ～ 100 Hz
1	土窑洞、土坯房、毛石房屋	0.5 ～ 1.0	0.7 ～ 1.2	1.1 ～ 1.5
2	一般砖房、非抗震的大型砌块建筑物	2.0 ～ 2.5	2.3 ～ 2.8	2.7 ～ 3.0
3	钢筋混凝土结构房屋	0 ～ 4.0	3.5 ～ 4.5	4.2 ～ 5.0
4	一般古建筑与古迹	0.1 ～ 0.3	0.2 ～ 0.4	0.3 ～ 0.5
5	水工隧道	7 ～ 15		
6	交通隧道	10 ～ 20		
7	矿山巷道	15 ～ 30		
8	水电站及发电厂中心控制室设备	0.5		
9	新浇大体积混凝土： 龄期：初凝～ 3 d 龄期：3 ～ 7 d 龄期：7 ～ 28 d	2.0 ～ 3.0 3.0 ～ 7.0 7.0 ～ 12		

注：1. 表列频率为主振频率，系指最大振幅所对应波的频率。

2. 频率范围可根据类似工程或现场实测波形选取。选取频率时也可参考下列数据：硐室爆破 <20 Hz；深孔爆破 10 ～ 60 Hz；浅孔爆破 40 ～ 100 Hz。

3. 有特殊要求的根据现场具体情况确定

1）选取建筑物安全允许振速时，应综合考虑建筑物的重要性、建筑质量、新旧程度、自振频率、地基条件等因素。

2）省级以上（含省级）重点保护古建筑与古迹的安全允许振速，应经专家论证选取，并报相应文物管理部门批准。

3）选取隧道、巷道安全允许振速时，应综合考虑构筑物的重要性、围岩状况、断面大小、深埋大小、爆源方向、地震振动频率等因素。

4）非挡水新浇大体积混凝土的安全允许振速，可按表 13.2.14 给出的上限值选取。

13.2.15　测试仪器的精度应满足表 13.2.15-1、表 13.2.15-2 的要求，测试仪器的量程应满足设计要求，并具有良好的防震、防水、防腐性能。

表 13.2.15-1　监控量测必测项目测试精度

序号	监测项目	测试精度 /mm
1	拱顶下沉	0.5 ～ 1
2	净空收敛	0.5 ～ 1
3	地表沉降	0.5 ～ 1

表 13.2.15-2　监控量测选测项目测试精度

序号	监测项目	测试精度
1	围岩与初期支护接触压力	≤ 0.5 % F.S.
2	喷射混凝土应变	±0.1 % F.S.
3	钢架应力	拉伸≤ 0.5 % F.S.，压缩≤ 1.0 % F.S.
4	初期支护与二次衬砌接触压力	≤ 0.5 % F.S.
5	二次衬砌内应力	±0.1 % F.S.
6	围岩内部位移	0.1 mm
7	隧底隆起	0.5 ～ 1 mm
8	爆破振动速度	1 mm/s
注：F.S.—仪器满量程		

13.3　监控量测方法

13.3.1　现场监测应根据设计文件的要求进行测点埋设、日常量测和数据处理，及时反馈信息，并根据地质条件的变化和施工异常情况，及时调整监控量测计划。

13.3.2　现场测点读数应读 3 次，取其平均值，并详细记录。

13.3.3 施工过程中应进行洞内、洞外观察，洞内观察可分为开挖工作面观察和已施工地段观察两部分，其内容如下：

1）开挖工作面观察应在每次开挖后进行，及时绘制开挖工作面地质素描图、数码成像、填写开挖工作面地质状况记录表和施工阶段围岩级别判定卡，并与勘察资料进行对比。对已施工地段进行观察，记录喷射混凝土、锚杆和钢架等的工作状态。

2）洞外观察重点应在洞口段和洞身浅埋段，记录地表开裂、地表塌陷、边坡及仰坡稳定状态、地表水渗漏情况等。

13.3.4 隧道净空收敛量测可采用收敛计或全站仪进行。

1）采用收敛计量测时，测点采用焊接或钻孔预埋。

2）采用全站仪量测时，测点应采用膜片式回复反射器作为测点靶标，靶标黏附在预埋件上。量测方法包括自由设站和固定设站两种。

13.3.5 拱顶下沉量测可采用精密水准仪和钢挂尺或全站仪进行，在隧道拱顶轴线附近通过焊接或钻孔预埋测点，测点应与隧道外监测基点进行联测。

13.3.6 地表沉降监测可采用精密水准仪、铟钢水准尺进行。基点应设置在地表沉降影响范围之外。测点采用地表钻孔埋设，测点四周用水泥砂浆固定。当采用常规水准测量手段出现困难时，可采用全站仪量测。

13.3.7 围岩内变形量测可采用多点位移计，多点位移计应钻孔埋设，通过配套的设备读数。

13.3.8 振弦式传感器通过频率接收仪获得频率读数，依据频率—量测参数率定曲线换算出相应量测参量值。

13.3.9 光纤光栅传感器通过光纤光栅接收仪获得读数，换算出相应量测参量值。

13.3.10 钢架应力量测可采用振弦式传感器、光纤光栅传感器，传感器应成对埋设在钢架的内、外侧，并应满足下列要求：

1）采用振弦式钢筋计或应变计进行型钢应力或应变量测时，应把传感器焊接在钢架翼缘内测点位置。

2）采用振弦式钢筋计进行格栅拱架应力量测时，应将格栅主筋截断并把钢筋计对焊在截断部位。

3）采用光纤光栅传感器进行型钢或格栅拱架应力量测时，应把光纤光栅传感器焊接（氩弧焊）或粘贴在相应测点位置。

13.3.11 接触压力量测可采用振弦式传感器，传感器与接触面要求紧密接触。

13.3.12 混凝土应变量测可采用振弦式传感器、光纤光栅传感器，传感器固定于混凝土结构内的相应测点位置。

13.3.13 爆破振动速度监测可采用振动速度传感器和相应的数据采集设备。传

感器固定在预埋件上，通过爆破振动仪自动记录振动速度，分析振动波形和振动衰减规律。

13.3.14 孔隙水压监测可采用孔隙水压计进行，水压计应埋入带刻槽的测点位置，采取措施确保水压计直接与水接触。通过数据采集设备获得各测点读数，并换算出相应孔隙水压力值。

13.3.15 渗漏水量监测可采用三角堰、流量计进行。

13.4 量测数据处理与应用

13.4.1 监控量测数据的分析处理应包括监测资料的整理、计算和分析。监控量测资料均由计算机进行处理与管理，当取得各种监测资料后，能及时进行处理，绘制各种类型的表格及曲线图，对监测结果进行回归分析，预测最终位移值，预测结构物的安全性，确定工程技术措施。

13.4.2 每次观测后应立即对原始观测数据进行校核和整理，包括原始观测值的校验、物理量的计算、填表制图、误差处理、异常值的剔除、初步分析等，并将校验过的数据输入数据库管理系统。每一测点的监测结果要根据管理基准和位移变化速率（mm/d）等综合判断结构和建筑物的安全状况，并编写汇总报表，及时反馈指导施工，调整施工参数，达到安全、快速、高效施工的目的。

13.4.3 监控量测数据的计算分析主要包括以下内容：

1）拱顶下沉、净空收敛的位移量，绘制时态曲线。

2）围岩压力与支护间接触压力值，绘制时态曲线和断面压力分布图。

3）初期支护、二次衬砌应力（应变）值，绘制时态曲线，反算结构内力并绘制断面内力分布图。

4）地表沉降值，绘制横向和纵向时态曲线。

5）孔隙水压力值，绘制孔隙水压力的时态曲线及孔隙水压力与深度的关系曲线。

6）爆破振动速度，绘制振动速度与测点至震源距离关系曲线。

13.4.4 在分析监测数据时，根据散点图进行回归分析，可采用如下指数模型：

$$U = A\left(e^{-Bt} - e^{-Bt_0}\right)$$

式中 U——变形值；

A、B——回归系数；

t_0——测点的初始观测时间（d）；

t——测点的观测时间（d）。

13.4.5 应力（应变）监测结果可参照位移回归分析进行。

13.4.6 爆破振动安全允许距离，可根据爆破振动速度按如下式计算。

$$R=\left(\frac{K}{V}\right)^{\frac{1}{a}}\cdot Q^{\frac{1}{3}}$$

式中 R——爆破振动安全允许距离（m）；

Q——炸药量，齐发爆破为总药量，延时爆破为最大一段药量（kg）；

V——保护对象所在地质点振动安全允许速度（cm/s）；

K、a——与爆破点至计算保护对象间的地形、地质条件有关的系数和衰减指数。

K、a 值可按表 13.4.6 选取，或通过现场试验确定。

表 13.4.6 爆破区不同岩性的 K、a 值

岩性	K	a
坚硬岩	50 ～ 150	1.3 ～ 1.5
中硬岩	150 ～ 250	1.5 ～ 1.8
软岩	250 ～ 350	1.8 ～ 2.0

13.4.7 监控量测信息反馈方法可采用经验类比法或理论分析法。施工现场以经验类比法为主，重要工程应综合应用以上两类方法。

13.4.8 监测项目按黄色、橙色、红色三级预警进行反馈和控制，见表 13.4.8。

表 13.4.8 施工监测预警

预警级别	预警状态描述	预警处理
黄色预警	实测位移（或沉降）的绝对值和速率值双控指标均达到极限值的 70 % ～ 85 % 时；或双控指标之一达到极限值的 85 % ～ 100 % 而另一指标未达到该值时	发生黄色预警时，监测组合施工单位应加密监测频率，加强对地面和建筑物沉降动态的观察，尤其应加强对预警点附近的雨、污水管的检查和处理
橙色预警	实测位移（或沉降）的绝对值和速率值双控指标均达到极限值的 85 % ～ 100 % 时；或双控指标之一达到极限值而另一指标未达到该值时；或双控指标均达到极限值而整体工程还未出现不稳定迹象时	发生橙色预警时，除应继续加强上述监测、观察、监测和处理外，应根据预警状态的特点进一步完善针对该状态的预警方案，同时应对施工方案、开挖进度、支护参数、工艺方法等做检查和完善
红色预警	实测位移（或沉降）的绝对值和速率值双控指标均达到极限值，与此同时，还出现下列情况之一时： 实测的位移（或沉降）速率出现急剧增长；隧道或基坑支护混凝土表面已经出现裂缝，同时裂缝处已开始渗流水	发生红色预警时，除应向上述单位报警外，还应立即采取补强措施，并经设计、施工、监理和建设单位分析和认定后，改变施工程序和设计参数，必要时应立即停止开挖，进行施工处理

13.4.9 工程安全性评价应根据表 13.2.13 要求的位移管理等级进行，并采用表 13.4.9 相应的工程对策。工程安全性评价流程如图 13.4.9 所示。

表 13.4.9 工程对策

管理等级	工程对策
Ⅲ	正常施工
Ⅱ	加强监测
Ⅰ	采取相应工程措施并加强监测

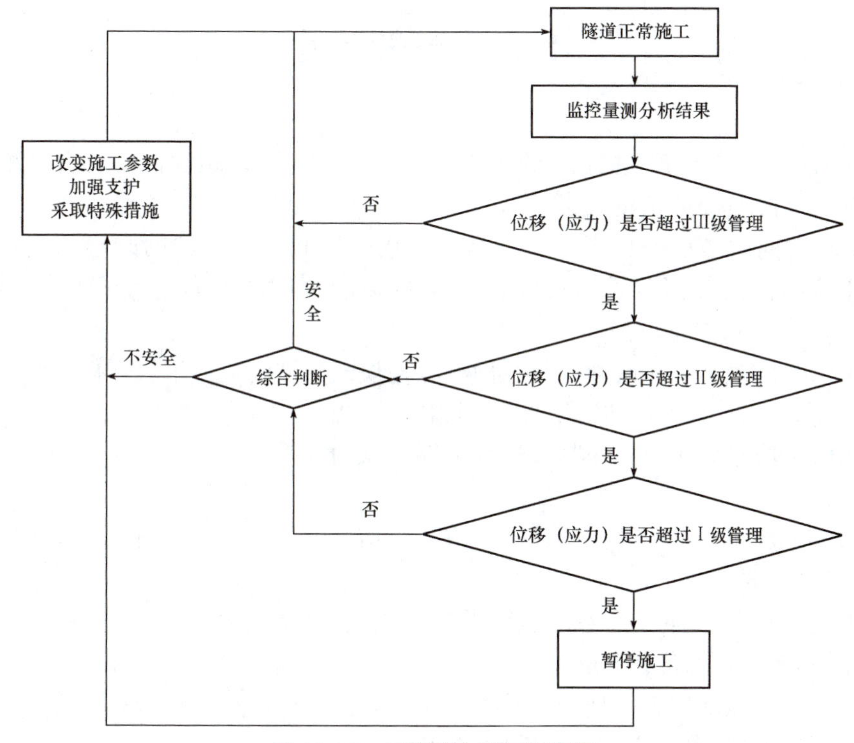

图 13.4.9 工程安全性评价流程

14　施工机械与设备

14.1　一般规定

14.1.1　隧道施工机械选型配套应坚持“技术先进、减少污染、合理配套”的原则，应根据隧道长度、断面大小、辅助坑道设置、地质条件、施工方法、工期要求，同时考虑操作者劳动安全、劳动强度和劳动条件的改善，减少作业场所环境的污染等因素综合配置，施工机械配置应注重科学发挥机械的总体效率。

14.1.2　隧道施工按有轨、无轨两种运输模式分别配置，组成开挖、装运、初期支护、防排水、衬砌、辅助作业等机械化作业线。

14.1.3　隧道施工机械应尽量选择电动、风动、液压传动机械，减少内燃机械进洞。

14.1.4　施工机械配置的生产能力应大于均衡施工能力，均衡生产能力应大于施工进度指标要求。

14.1.5　混凝土拌合设备、运输设备、混凝土喷射机、混凝土输送泵、通风机、抽水机等应考虑备有余量。

14.1.6　机械的安装、使用、管理、维修和保养，应严格执行有关规定，保证机械使用安全、正常运转，防止发生机械事故。

14.1.7　长大隧道和特长隧道现场应设置维修加工车间，配置专业维修队伍，配备相应的修理加工设备，储备一定数量的零部件和原材料。

14.1.8　应优先选择排污达标、噪声小的机械；洞内使用柴油内燃机械应加设消烟净化装置或掺入柴油净化添加剂，并加强通风；洞内不得使用汽油内燃机械。

14.1.9　瓦斯隧道施工机械的配置应符合相关的规定。高瓦斯和瓦斯突出隧道，必须采用安全防爆型施工机械，并有明显的标志。

14.1.10 在靠近居民区施工时，各种机械设备的噪声应尽量符合《建筑施工场界环境噪声排放标准》(GB 12523—2011)的要求；污水和有害气体的排放应达到《污水综合排放标准》（GB 8978—1996）、《环境空气质量标准》（GB 3095—2012）等的有关规定。

14.1.11 隧道施工机械设备的管理、维修和操作人员应进行专门培训，特种机械操作人员应持证上岗。

14.2 钻爆作业

14.2.1 岩石隧道开挖作业主要采用液压凿岩台车、风动凿岩机等钻孔机械。

14.2.2 钻眼机械按现场情况和施工方法进行选型：

1）全断面开挖：钻眼宜采用液压凿岩台车或台架配合风动凿岩机。单线隧道钻眼可采用门架式凿岩台车或台架配合风动凿岩机，中长和短隧道可采用多功能台架配合风动凿岩机钻眼。清底及开挖仰拱可用反铲挖掘机。

2）台阶法开挖：上部宜采用风动凿岩机钻眼，下部视现场情况选用液压凿岩台车或台架配合风动凿岩机开挖。

3）分部开挖视现场情况选用钻孔机械。.

4）平行导坑和横洞断面较小时，宜用风动凿岩机钻孔；断面较大时，宜选用液压凿岩台车钻孔；斜井、竖井的钻孔应以风动凿岩机为主。

14.2.3 炮眼装药作业可采用自动装药和自动堵塞机具。

14.3 土质隧道开挖作业

14.3.1 一般土质隧道采用挖掘机开挖，机械开挖应预留约 30 cm（黄土隧道拱脚、墙脚预留 60 ～ 70 cm）的整修层，用人工风镐或铣挖机整修到隧道开挖轮廓线。硬土、风化岩、漂石等可采用爆破或液压破碎锤进行松动。

14.3.2 浅埋、软岩隧道、地表有建（构）筑物时，可优先采用单臂掘进机开挖拱部；也可利用挖掘机换装铣挖头沿拱部轮廓线铣挖隔震槽，以控制超欠挖及爆破振动时对地表建（构）筑物的影响。

14.4 装碴运输作业

14.4.1 装碴与运输机械选型应遵循挖、装、运机械能力协调配套的原则，其运输机械配置能力不应小于挖装能力的1.2倍。

14.4.2 为减少隧道内的污染气体排放浓度，改善洞内空气质量，双线隧道独头掘进长度在3 000 m以上时宜采用有轨运输；单线隧道独头掘进长度在1 500 m以上时宜采用有轨运输。装运作业可采用轮式（或履带）装载机和轨道运输组成的混合装运模式。

14.4.3 全断面开挖装碴应采用大斗容的铲装机、挖装机或装载机；台阶法施工的上部宜采用长臂挖掘机扒碴，下部采用铲装机、挖装机或装载机、挖掘机装碴。

14.4.4 平行导坑和横洞断面较小时，可采用挖装机或挖掘机装碴，电瓶车或内燃机车牵引矿车出碴；断面较大时，挖装机装碴，出碴运输采用电瓶车牵引矿车。

14.4.5 斜井运输提升设备及辅助设施应根据斜井断面大小、斜井坡度等条件合理配置。有轨斜井井身装碴宜用耙斗式装岩机或专用挖掘机，运碴宜用大容量侧卸式矿车或箕斗，提升应配以安全设备齐全的大型提升机，并在井口设置与其配套的卸碴栈桥；无轨斜井可采用装载机或挖掘机装碴，大功率的自卸汽车出碴。

14.4.6 竖井井身装碴宜用抓岩机，根据井深和出碴量可选用提升机、吊车、电葫芦等提升设备，配以罐笼或吊桶出碴。

14.4.7 有轨运输洞外应根据需要设置调车、编组、卸碴、进料、设备维修等线路。线路铺设标准和要求应符合下列要求：

1）钢轨类型：宜为38～43 kg/m。

2）道岔型号：宜不小于6号的道岔，并安装转辙器。

3）轨枕：间距不应大于0.7 m。

4）道床：厚度不应小于20 cm。

5）使用大型轨行式机械时，线路铺设标准应符合机械规格、性能的要求，并保证施工安全。

6）有轨运输设单道时，每间隔300 m应设一个会车道。

7）采用轨行式机械装碴时，轨道应紧跟开挖面；调车线路及时前移。

14.4.8 施工中应建立工程运输调度，根据施工进度编制运输计划，统一指

挥，提高运输效率。

14.4.9 运输线路应设专人按标准要求进行维修和养护，使其经常处于良好状态，线路两侧的废碴和杂物应随时清除。

14.4.10 无轨运输车在洞内施工地段、视线不良的曲线上，以及通过岔道和洞口平交道等处时，其行车速度不得大于 10 km/h，其他地段在采取有效的安全措施后，行车速度不应大于 20 km/h。有轨运输施工作业地段的行车速度不得大于 15 km/h，成洞地段不得大于 25 km/h。

14.4.11 有轨运输作业应符合下列安全规定：

1）车辆装载高度不得高于斗车顶面 50 cm，宽度不得大于车宽。

2）列车连接必须良好，机车摘挂后调车、编组和停留时，应有防溜车措施。

3）车辆在同方向行驶时，两组列车的间距不得小于 100 m。

4）轨道旁临时堆放的材料，距钢轨外缘不得小于 80 cm，高度不得大于 100 cm。

5）卸碴场线路应设安全线并设置 1 % ～ 3 % 的上坡道，卸碴码头应搭设牢固，并设有挂钩、栏杆及车挡装置，防止溜车。

6）车辆在洞内行驶时，必须鸣笛或按喇叭，并注意瞭望。严禁非专职人员开车、调车。严禁在行驶中进行摘挂作业。

7）长隧道施工上下班的载人列车，应制定保证安全的措施。

14.4.12 无轨运输作业应符合下列规定：

1）运输道路应铺设路面，洞内与仰拱填充、底板混凝土施工相结合，并做好排水及路面的维修工作。

2）单线隧道采用无轨运输时，每间隔 150 ～ 300 m 应设一处会车段。

14.5 支护作业

14.5.1 支护作业采用的主要机械设备有锚杆台车、锚杆钻机、液压凿岩台车、气腿式风动凿岩机、混凝土喷射机、喷射台车和喷射机械手、管棚钻机、工程钻机或地质钻机、注浆泵和制浆设备等。

14.5.2 喷射混凝土宜采用湿喷工艺。大断面、特长隧道喷射混凝土宜选用生产能力高，集装料、拌合和自动喷射于一体的喷射三联机或喷射混凝土机组。

14.5.3 喷射混凝土料应采用自动计量的强制式混凝土拌合机或拌合站拌合；运输采用轮胎式或轨行式混凝土拌合运输车。

14.5.4 锚杆钻孔机械根据现场情况选用锚杆台车、锚杆钻机、液压凿岩台车或气动凿岩机。

14.5.5 超前大管棚施工在成孔困难地段应优先选用集钻孔、跟管、注浆三位一体的多功能钻机；能成孔地段，可采用管棚钻机、地质钻机和工程钻机等钻孔机械。超前小导管施工宜采用气腿式凿岩机顶管，也可用凿岩台车、导轨式凿岩机施作。

14.5.6 大管棚、小导管均应配备相应的注浆设备和快速接头。

14.5.7 钢架加工应配置专用弯曲或成型加工设备，钢架安装举升，可采用有固定夹头的挖掘机，大断面钢架架设时宜采用专用架设设备。

14.5.8 深孔预注浆作业，应优先采用兼备钻孔、跟管、注浆功能的并有孔口止水装置的多功能钻机和相应的注浆设备，应具有高压力、大流量，且压力、流量可调式注浆泵，以满足注浆工艺和保证注浆质量的要求。

14.6 防排水作业

14.6.1 防水作业宜采用轨行式专用作业台架，台架上应配备隧道净空检查的装置、防水板弧形支撑杆、压缩空气接口，以及风镐、电焊机、冲击钻（或射钉枪）、爬焊机、热风焊机等机具。

14.6.2 防水板焊接应采用调温、调速式自动爬行焊接机，局部处理采用热塑焊枪焊接。有条件时防水板铺设宜采用台架式自动铺设机。

14.7 衬砌作业

14.7.1 混凝土衬砌作业必须采用自动计量的混凝土拌合站、混凝土拌合输送车、混凝土输送泵及拱墙整体式钢模台车等机械设备。

14.7.2 混凝土拌合站的生产能力应根据施工高峰期作业面数量、运距、混凝土需求量等因素确定，选用强制式拌合方式。自动计量装置应满足混凝土配合比计量精度要求。

14.7.3 混凝土运输应采用轮胎式或轨行式混凝土拌合运输车。

14.7.4 仰拱浇筑宜采用防干扰仰拱作业栈桥。

14.8　辅助作业

14.8.1　当隧道施工独头掘进长度超过 150 m 时，应采用机械通风，并配置相应的通风机械。

14.8.2　通风机的功率与通风管的直径应根据独头掘进长度、运输方式、断面大小和通风方式等计算确定，应选用大直径风管和风量风压可调式高效节能低噪型多级风机。

14.8.3　隧道施工采用机械排水时宜分段设贮水池，根据实际情况配备扬程、流量、性能相适应的抽排水泵（清水泵、泥浆泵、污水泵、砂泵等）。

15 通风防尘、风水电供应与通信系统

15.1 通风与防尘

15.1.1 在整个施工过程中，隧道作业环境应符合下列职业健康及安全标准：

1）空气中氧气含量，按体积计不得小于 20 %。

2）粉尘容许浓度，每立方米空气中含有 10 % 以上的游离二氧化硅的粉尘不得大于 2 mg。每立方米空气中含有 10 % 以下的游离二氧化硅的矿物性粉尘不得大于 4 mg。

3）瓦斯隧道施工通风应符合相关规定。

4）瓦斯隧道装药爆破时，爆破地点在 20 m 内，风流中瓦斯浓度必须小于 1.0 %；总回风道风流中瓦斯浓度应小于 0.75 %。

5）开挖面瓦斯浓度大于 1.5 % 时，所有人员必须撤至安全地点并加强通风。

6）有害气体最高容许浓度：

（1）一氧化碳最高容许浓度为 30 mg/m^3；在特殊情况下，施工人员必须进入开挖工作面时，浓度可为 100 mg/m^3，但工作时间不得大于 30 min；

（2）二氧化碳按体积计不得大于 0.5 %；

（3）氮氧化物（换算成 NO_2）为 5 mg/m^3 以下。

7）隧道内气温不得高于 28 ℃。

8）隧道内噪声不得大于 90 dB。

15.1.2 隧道施工通风应能提供洞内各项作业所需的最小风量，每人应供应新鲜空气 3 m^3/min，采用内燃机械作业时，供风量不应小于 3 m^3/（min · kW）。

15.1.3 隧道施工独头掘进长度超过 150 m 时，应采用机械通风。通风设计应根据独头通风长度、断面大小、施工方法、设备条件等综合确定。洞内污染主要来自爆破、开挖、焊接、装碴、喷射混凝土等工序产生的烟尘。通风方式宜采用压入式或混合式通风，有条件时宜采用巷道式通风。

15.1.4 隧道施工应采用综合防尘除烟措施：通风的风速全断面开挖不应小于

0.15 m/s，分部开挖的坑道中不应小于 0.25 m/s，但均不应大于 6 m/s；钻眼作业应采用湿式凿岩；喷射混凝土采用湿喷工艺；内燃机械应有尾气净化装置；放炮后必须进行喷雾、洒水（不宜淋水的膨胀岩、土质隧道除外）。

15.1.5 通风机的功率与通风管的直径应根据隧道独头掘进长度、运输方式、断面大小、通风方式等计算确定。

15.1.6 通风机的安装与使用应符合下列规定：

1）主风机安装必须满足通风设计的要求，洞内辅助风机应安装在新鲜风流中；对于压入式通风，主风机应架设在距洞口大于 30 m、一定高度的支架上。

2）主风机应保持正常运转，间歇时，因停止供风而受影响的开挖工作面必须停止工作。

3）通风机前后 5 m 范围内不得堆放杂物，通风机进气口应设置铁箅，并应装有保险装置。

4）通风机应有适当的备用数量。

5）当巷道内的风速小于通风要求最小风速时，可布设射流风机来卷吸升压，提高风速。

15.1.7 通风管的安装应符合下列规定：

1）通风管应优先采用高强、低阻、阻燃的软质风管，风管挂设应做到平、直，无扭曲和褶皱。

2）压入式通风出风口距开挖工作面的距离不大于（4 ～ 5）$A^{-\frac{1}{2}}$（A 为隧洞断面面积，m^2）。

3）通风管的节长尽量加大，以减少接头数量，接头应严密，每 100 m 平均漏风率不宜大于 1 %。弯管平面轴线的弯曲半径不得小于通风管直径的 3 倍。

4）隧道施工在断面净空允许的前提下，应采用大直径风管。

5）通风管破损时，应及时修补或更换。当采用软风管时，靠近风机部分，应采用加强型风管。

15.1.8 洞内空气每月至少应取样分析一次。洞内作业人员应定期体检，保障健康。

15.1.9 隧道施工通风一般有以下方式，应根据隧道独头掘进的长度选用：

1）送风式（压入式）如图 15.1.9-1 所示。

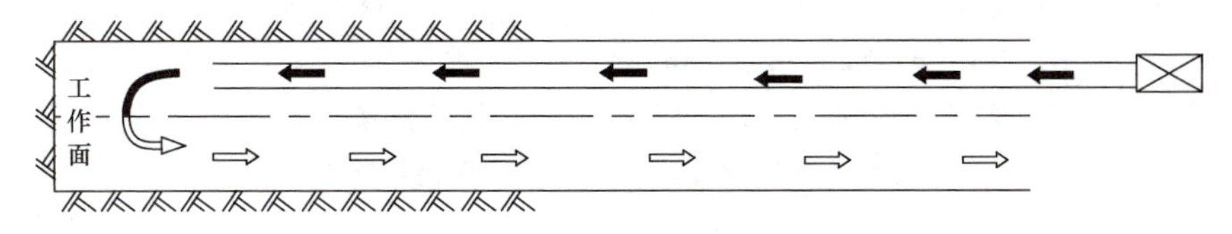

图 15.1.9-1　送风式（压入式）

2）送排风并用式如图 15.1.9-2 所示。

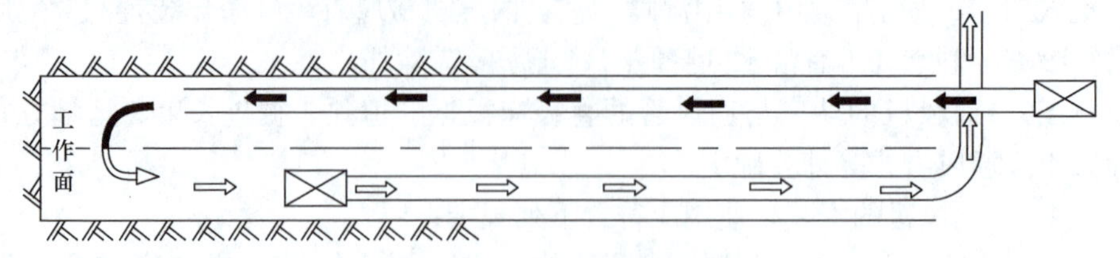

图 15.1.9-2　送排风并用式

3）送排风混合式如图 15.1.9-3 所示。

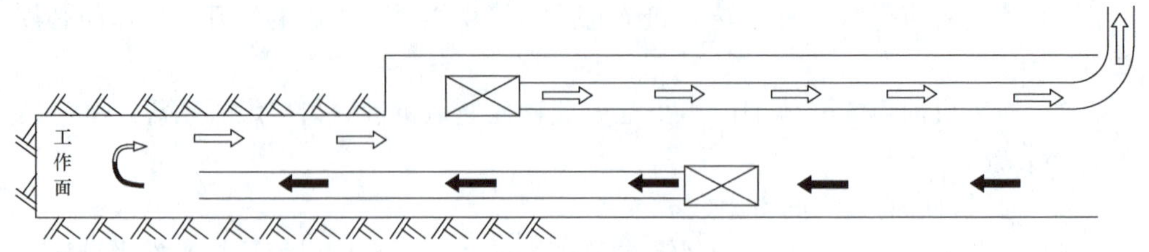

图 15.1.9-3　送排风混合式

4）竖井排风坑道（隧道）送风方式如图 15.1.9-4 所示。

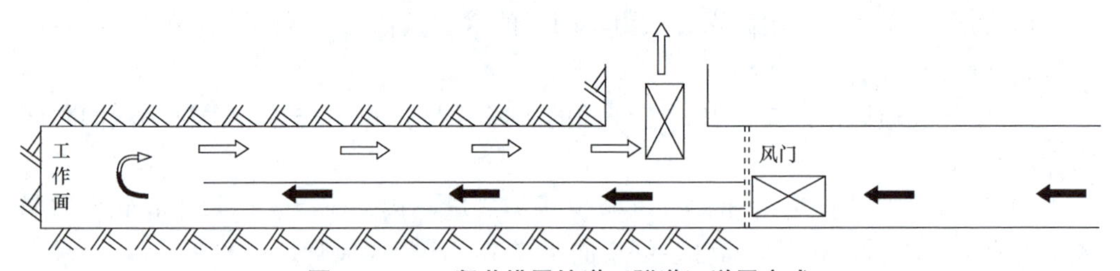

图 15.1.9-4　竖井排风坑道（隧道）送风方式

5）坑道（正洞、平导）通风方式如图 15.1.9-5 所示。

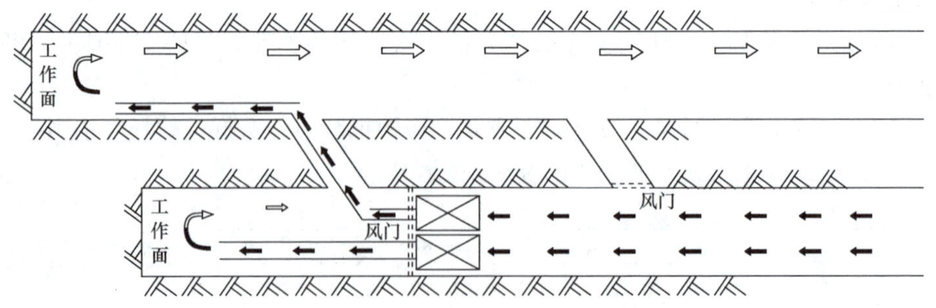

图 15.1.9-5　坑道（正洞、平导）通风方式

15.1.10 为保证通风质量，可采取下列控制措施：

1）通风管吊挂平直、拉近吊稳、接头严密，避免出现褶皱，垂直交接处要避免堵塞。

2）风管末端到工作面的距离保持在 10 ～ 15 m，以确保通风效果。

3）通风管安装接头严密，减少漏风损失，转弯半径不小于风管直径的 3 倍。成立专门的通风组进行施工通风设备安装、管理，通风管要及时检查、拆换、修补，以减少漏风。

4）加强对隧道内的空气质量监测，根据监测结果及时调整通风量。

15.2 供风

15.2.1 在电力供应满足时应采用电动空压机供风，空压机的功率应能满足同时工作的各种风动机具的最大耗风量的要求。

15.2.2 空压机站应设在洞口附近，当有多个洞口需集中供风时，可选在靠近用风量最大的洞口。

15.2.3 空压机站可根据当地的气候条件，应有防水、降温和保温设施，距离居民区较近时应有防噪声、防振动措施。

15.2.4 空压机风管布置应尽量避免急弯，以减少风压损失。

15.2.5 开挖工作面风动凿岩机风压应不小于 0.5 MPa，高压供风管的直径应根据最大送风量、风管长度、闸阀数量等条件计算确定。

15.2.6 空压机电源应从主配电室分别接线，以免相互干扰。

15.2.7 供风管的安装和使用应符合以下规定：

1）高压供风管应敷设平顺，接头严密，不漏风。

2）在洞外地段，当风管长度大于 100 m 和温度变化较大时应安装伸缩器，供风管应包防寒材料。

3）供风管前端至开挖面的距离宜保持在 30 m 内，并用分风器连接高压软风管。当采用导坑或台阶法开挖时，软风管的长度不宜大于 50 m。

4）供风管每 200 m 应装一处闸阀。

5）各种闸阀在安装前应拆开清洗，阀门应进行水压强度试验，合格后方可使用。

6）高压供风管在安装前应进行检查，有裂纹、创伤、凹陷等现象时不得使用，管内不得保留残余物。

7）高压供风管使用中应有专人负责检查、养护。

8）空压机房要配备一定数量的灭火器。

15.3 供水

15.3.1 隧道施工供水方案应满足下列要求：

1）工程和生活用水在使用前必须经过水质鉴定。

2）供水量应满足工程和生活用水的需要，水池的容量应能满足洞内外集中用水的需要。

3）有高位自然水源时，应建水池蓄水利用，水池高程应满足隧道掘进到最高点时能保持0.3 MPa的水压。

4）采用低位抽水向水池供水时，抽水站水泵扬程应选取取水点与水池高差的1.5～2倍，并配备用水泵。

5）水池和水管应根据当地的气候情况采取防寒措施。

6）抽水井应做护壁，安装井盖，经常清洗。

7）无条件建造高位水池的隧道，可采用增压泵供水。

15.3.2 隧道开挖工作面凿岩机的工作水压不应小于0.3 MPa，水管的直径应根据最大供水量、管路长度、弯头数量、闸阀等条件计算确定。

15.3.3 高压水管的安装应符合下列规定：

1）管路敷设应平顺，接头严密，不漏水。

2）水池的总输出管路上必须安装总闸阀，主管路上每隔300～500 m安装分闸阀。

3）洞内水管前端至开挖工作面的距离宜在50 m内，并用高压软管连接分水器。

4）水管在安装前应进行检查，有裂纹、创伤等现象时不得使用，管内不得保留残余物。

5）同时供几个开挖工作面时，在分管处必须安装闸阀。

6）蓄水池要加设防护装置。

7）抽水房要设专人负责并有电话与调度联系。

8）管路使用中应有专人负责检查、养护。

15.4 供电

15.4.1 施工现场临时用电设备在5台及以上，或设备总容量在50 kW及以上

时，应编制施工现场临时用电组织设计。

15.4.2 施工现场临时用电组织设计应符合下列规定：

1）根据施工现场需要和用电量的分布情况，合理布局供电线路和供电设备。

2）确定电源进线、变电所或配电室、配电装置、用电设备的位置及线路走向。

3）进行负荷计算，要按用电设备同时工作时的最大负荷计算用电负荷，合理选择变压器和电线的规格型号。

4）设计配电装置，选择电气设备。

5）绘制临时用电工程图，主要包括用电工程总平面图、配电装置布置图、配电系统接线图及接地装置设计图。

6）临时房屋及其他建筑物应安装避雷设施，并定期检查测试。

7）对变压器、配电室等设置防护装置制定防护措施。

15.4.3 配电室布置应符合下列规定：

1）配电柜正面的操作通道单列或双列背对背布置不小于 1.5 m，双列面对面布置不小于 2 m。

2）配电室顶棚与地面的距离不低于 3 m，配电柜侧面的维护通道宽度不小于 1 m。

3）配电室内设置值班室或检修室时，边缘距配电柜的水平距离应大于 1 m，并采取屏障隔离。

4）配电室内的电线应涂刷有色油漆，以标明相序，以柜正面方向为基准，其涂色见表 15.4.3。

表 15.4.3 配电室电线涂色分配表

相别	颜色	垂直排列	水平排列	引下排列
L_1（A）	黄	上	后	左
L_2（B）	绿	中	中	中
L_3（C）	红	下	前	右
N	淡蓝	—	—	—

5）配电室的门必须向外开，并配锁。

6）有自备电源时，配电柜内必须设置九头闸开关，确保用电安全。

7）配电柜应装设电源隔离开关及短路、过载、漏电保护器。

8）配电柜或配电线路停电维修时，应挂接地线，并应悬挂“禁止合闸，有人工作”停电标志牌。停送电必须由专人负责。

9）配电室应保持清洁，不得堆放任何妨碍操作和维修的杂物。

15.4.4 配电线路的布置应符合下列规定：

1）隧道供电线路应采用三相五线系统，如图 15.4.4 所示。

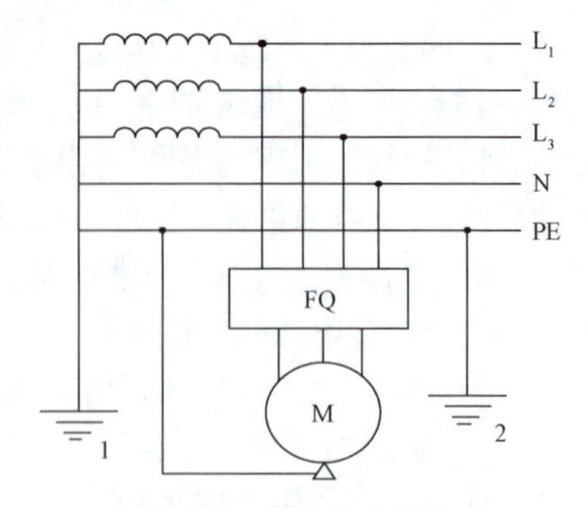

图 15.4.4　隧道供电线路图

注：L_1、L_2、L_3 为相线；N 为工作零线；PE 为保护零线；1 为工作接地；2 为重复接地；FQ 为漏电保护器；M 为电动机

2）隧道内架空线必须采用绝缘导线。

3）架空线必须架设在专用电杆上，严禁设在脚手架及其他设施上。

4）在跨越铁路、公路、河流、电力线路跨距内，架空线不得有接头。

5）架空线路的跨距不得大于 35 m。

6）动力、照明线在同一横担上架设时，导线相序排列：面向负荷从左侧起依次为 L_1、N、L_2、L_3、PE。动力、照明线在二层横担上架设时，导线相序排列：上层横担面向负荷从左侧起依次为 L_1、L_2、L_3；下层横担面向负载从左侧起依次为 L_1、L_2、L_3、N、PE。

7）架空线的线间距不得小于 0.3 m，靠近电杆的两条线的间距不得小于 0.5 m。

8）架空线路必须有短路保护和过载保护。

9）隧道内配线必须采用绝缘导线或电缆，且距地面高度不小于 2.5 m。

10）隧道内的短路保护用熔断器时，其熔体额定电流不应大于绝缘导线长期连续负载允许载流量的 1.5 倍。

11）在土壤电阻率低于 200 Ω · m 区域的电杆可不另设防雷接地装置，但在配电室的架空线或出线处应将绝缘子铁脚与配电室的接地装置相连接。

12）施工现场内所有防雷装置的冲击接地电阻值不得大于 30 Ω。

13）涌水隧道的电动排水设备，瓦斯隧道的通风设备及斜井、竖井内的电气装置应采用双回路输电，并设可靠的切换装置。

15.4.5 隧道供电电压应符合下列规定：

1）供电线路应采用 220/380 V 三相五线系统。

2）动力设备应采用 380 V。

3）照明电压作业地段宜为 36 V，成洞和未作业地段可采用 220 V。

4）线路末端的电压降不得大于 10 %。

5）隧道内 220/380 V 供电距离不宜大于 500 m，应采取升压措施或高压进洞，否则设洞内变压器时应在一定距离内设分离开关。

15.4.6 各种电气设备和输变电线路应有专人检查维修、调整等，其作业要求应参照国家现行行业标准《施工现场临时用电安全技术规范》（JGJ 46—2005）。

15.5　照明

15.5.1　隧道施工作业地段必须有足够亮度的照明，采用普通光源照明时，其亮度应满足表 15.5.1 的要求。

表 15.5.1　施工作业地段亮度要求

施工作业地段	最低平均亮度 / Lx
施工作业面	30
开挖地段	10
运输巷道	6
特殊作业地段或不安全因素较多地段	15
成洞地段	4
竖井内	8

15.5.2　作业地段采用普通光源施工照明时应符合下列规定：

1）必须使用安全变压器，其容量不宜过大，输入电压 220 V，输出电压有四个等级：36 V、32 V、24 V、12 V，输出端不应高出额定电压的 105 %，以防止烧坏灯泡。

2）在有渗漏水、滴水地段应用胶皮电缆，开挖工作面附近应用防水灯头。

3）曲线地段和洞室拐弯处应增加照明灯头。

15.5.3　洞内每隔 50 ～ 100 m 应设应急照明灯一盏。

15.5.4　成洞地段尽量采用节能新光源，如低压钠灯、高压钠灯、金卤灯、荧光灯、钪钠灯、钠铊铟灯、镝灯等。

15.6　通信

15.6.1　洞内各工作面与洞外调度应始终保持通信畅通，备做突发事故的应急通信宜选择有线电话。

15.6.2　保护有线电话电线的线管宜用钢管，应布置在不易被机械、落石损伤的地方，宜顺着风、水管路布置。

15.6.3　宜采用防水、防震、防火的防爆电话机，电话机宜安装在距工作面最近的洞室或有防护设施的台架上。

16 施工安全、文明施工与环境保护

16.1 施工安全

16.1.1 加强施工现场安全教育，针对工程特点，进行安全全面教育与重点教育。

16.1.2 认真执行安全检查制度，实行定期检查、非定期检查、特定检查。

16.1.3 施工现场安全保证措施：

1）施工现场的布置符合防火、防洪、防雷电等安全规定。有防止行人、车辆等坠落的安全设施；危险地点悬挂按照《安全色》（GB 2893—2008）和《安全标志及其使用导则》（GB 2894—2008）规定的标牌，夜间有人经过的坑、洞设红灯示警，现场道路符合《工业企业厂内铁路、道路运输安全规程》（GB 4387—2008）的规定，施工现场设置大幅安全宣传标语。

2）现场的生产、生活区均设足够的消防水源和消防设施网点，消防器材设专人管理不乱拿乱动。

3）各类房屋、库棚、料场等消防安全距离符合国家或公安部门的规定，室内不堆放易燃品；严禁在木工加工场、料库、油库等处吸烟。

4）临时用电严格按照《施工现场临时用电安全技术规范》（JGJ 46—2005）的规定执行。

5）炸药的管理和使用严格按照爆破品的管理规定执行。

6）施工前，复查地下构造物的埋设位置及走向，对周围的建筑物核实其位置，并采取防护措施。当危及安全时，立即停止施工，待处理完毕后再施工。

7）施工运输时，对施工场地附近的交通进行疏导。

16.1.4 施工机械的安全保证措施：

1）各种机械操作人员和车辆驾驶员均有操作合格证，专人专机。

2）操作人员严格执行工作前检查、工作中观察及工作后保养制度。

3）指挥施工机械作业人员，站在通视安全地点，并明确规定指挥联络信号。

4）严禁酒后操作机械，严禁机械带病运转或超负荷运转。

5）机械设备在施工现场停放时，选择安全的停放地点，夜间由专人看管。

6）定期组织机电设备、车辆安全大检查。

16.1.5 吊运安全保证措施：

1）起吊前对龙门吊做安全检算，各种设备置于工作井外稳定的地基上。

2）使用前对钢丝绳、卡具等进行检查验收，符合要求时才能使用。

3）提放吊斗时，上下有统一信号，专人指挥，严禁将吊斗吊空铲泥。

4）在起吊时，司机认真操作，严禁吊斗撞击工作井内设施。

5）夜间施工有充足的照明，遇到暴雨、大风、地面下沉等情况时停止施工。

6）吊车及卷扬机的性能指标满足起吊要求，并有一定的安全贮备系数。

16.1.6 隧道开挖安全保证措施：

1）采用台阶法开挖，做好排水措施。

2）钢支撑安装前进行安全检算，满足刚度强度的要求。钢支撑按设计位置及时进行安装，安装端部采取固定支托措施。设专人对支护结构和钢支撑进行变形观测监控，必要时采取合适措施。

16.1.7 确保环境安全和施工安全的监控量测保证措施：

1）成立监控量测小组，在项目总工程师的直接领导下工作。

2）监测组由经验丰富的技术、测量人员组成，配备先进的仪器设备。

3）编制详尽的监测实施性计划报监理审批，并组织有关人员学习研究，掌握监测技术以及监测仪器的使用、设置和维护。

4）保证各种监测仪器及传感器的精度和可靠性。

5）每个工程项目的监测，保证有监测报告，并报送监理工程师审查。

6）严格按设计技术要求，制定监测方案，提出监测仪器、监测方法、监测精度、测点布置、观测周期等，上报监理审批后实施。

7）做好监测布点，监测仪表经检验，严格按规定频率进行监测。

8）认真做好监测记录，对监测数据及时分析处理、及时反馈。

9）在施工过程中采取有效措施，保护观测点和观测设施。

10）对一些观测项目按照工程具体情况设定预警值。

11）隧道开挖轮廓变形采用施工现场日常巡视观察法、工程测量法、用测斜仪量测法相结合的监控措施。重要建筑物采用自动记录仪和警报装置。

12）对邻近建筑物的位移监测、地表沉降监测等以影响范围为监测范围，监测周期从开工前开始，到位移测定值收敛时止。

16.2 文明施工

16.2.1 现场布局合理，材料、物品、机具、土方堆放符合要求。

16.2.2 施工现场设置明显的“五牌一图”标牌，即工程概况牌、安全纪律牌、组织网络牌、防火须知牌、文明施工管理牌和施工平面图，图牌齐全且美观整齐。施工现场范围内张贴宣传标语，并设置黑板报和报栏。

16.2.3 挂牌施工，设立监督电话，接受社会监督。现场管理人员佩卡上岗，施工人员出入大门戴“工地出入证”。

16.2.4 做好现场安全保卫工作，建立严格的门卫制度，进入现场实行登记制。

16.2.5 机械停放整齐，材料堆码有序，便道通畅，各种线路清晰不乱，场地地面硬化，排水系统完好顺畅，专人随时维护、清理、冲洗现场。

16.2.6 认真实行开工报告制，科学组织施工，精心管理，各工序衔接井然有序，工人操作标准化、规范化和制度化；把关键工序、特殊工序作为管理重点；认真执行质量检验评定签证制度，确保工程质量。

16.2.7 认真执行国家及业主有关安全生产和劳动保护法规、章程、文件，建立健全安全组织及安全生产责任制，特殊工种人员持证上岗，保证施工用电安全和工地照明，配全备足消防器材并保持状态良好。坚持安全教育与安全检查，做好业务管理与记录。针对工程实际情况制定切实可行的安全施工措施。

16.2.8 在确保质量、安全的前提下，保证工程的形象进度。正确采取护、包、盖、封四大措施，防止成品损坏或污染。

16.2.9 其他现场文明施工措施：

1）积极配合有关部门做好交通疏解，确保顺畅与安全。

2）内业资料齐全、整洁、数据可靠，办公室内各类图表贴挂齐全。

3）加强夜间安全保卫，设夜间巡逻队，设置全场监视系统。

4）施工现场设置必要的各类职工生活设施，并符合卫生、通风、照明等要求；职工的膳食、饮水供应等符合卫生标准。

5）配备医护人员，与当地医疗单位联系，做好卫生防疫及医疗救护工作。

6）加强对施工人员的全面管理，所有人员办理暂住证。严禁接收“三无”人员。做好防盗窃工作，及时制止各类违法行为和暴力行为。

7）搞好施工现场及生活区域的封闭式管理。搞好职工宿舍文明评比活动，做到整齐、明亮、通风。建立“文明施工公约”和现场“职工工地守则”。

8）加强职业道德教育，增强职工遵纪守法观念，提高文明意识。上班穿戴统

一整洁，下班穿着干净卫生，杜绝打架、斗殴、酗酒、赌博等不文明行为。

9）工地适当组织一些健康、有益的文体活动，丰富员工的文化生活。

10）主动加强与政府有关部门、相邻相关单位、广大市民联系与沟通，协调好各方关系，树立良好的对外形象。

16.3 环境保护

16.3.1 隧道施工应保护生态环境，施工中必须遵守污染物排放的国家标准和地方标准，防止隧道施工造成周边环境污染和破坏。隧道施工期间的环境保护措施和相关的设施纳入实施性施工组织设计，落实在施工各个阶段进行设施的安装、施工，隧道施工期间设施同时运转、措施同时落实，并不断完善。

16.3.2 邻近江、河、水库等隧道施工，应严格保护水源不流失。生活、生产污水不经处理不得直接排入江、河、水库。

16.3.3 隧道施工中要控制地下水的排放，防止过量排放造成地表生态环境的破坏。

16.3.4 防噪声扰民控制措施：

1）洞口段开挖应采用浅孔弱爆破。施工场地和运输线路利用地形尽量避开噪声和振动敏感区，施工机械应安设消声器，空压机、通风机等接近居民区时，应设置基础减震槽并采取隔声措施。

2）施工场界噪声按《建筑施工场界环境噪声排放标准》（GB 12523—2011）的要求控制。

3）采取措施，保证在各施工阶段尽量选用低噪声的机械设备和工法，并且在满足施工要求的条件下，尽量选择低噪声的机具。

4）在施工现场，对主要噪声源如旋挖钻、装载机、卷扬机等采用有效的吸声、隔声材料施作封闭隔声或隔声屏，使其对居民的干扰降至规定标准。

5）噪声超标时一定要采取措施，并按规定缴纳超标准排污费。对超标造成的危害，要向受此影响的组织和个人给予赔偿。

6）确定施工场地的合理布局、优化作业方案，尽量减少施工对周围居民生活的影响，减小噪声强度和敏感点受噪声干扰的时间，建立必要的噪声控制设施，如隔声屏障等。

7）自备发电机时将做隔声处理，在有电力供应时不使用自备发电机。

8）合理安排施工计划，在特殊时间段（如高考期间）不进行有噪声的作业。

16.3.5 防振动扰民控制措施：

1）施工振动对环境的影响按《城市区域环境振动标准》（GB 10070—1988）的要求。

2）根据敏感点的位置和保护要求选择施工机械和施工方法，最大限度地减少对周围的影响。

3）工程施工有可能会对地层产生扰动，引起建筑变形或沉陷的区域，对邻近建筑物将事先详查、做好记录，对可能的危害采取加固等预防措施。

4）其余控制措施与噪声基本相同。

16.3.6 隧道开挖应采用湿式凿岩，喷射混凝土尽量采用湿喷工艺，施工机械优先采用电力驱动，内燃机械、车辆应加装消烟净化装置，尽量减少对周围环境的影响。

16.3.7 隧道施工的弃碴堆放应符合下列规定：

1）隧道开挖的废碴，应堆弃在当地有关部门许可的弃碴场内。如废碴中含有放射性物质，废碴排放后要立即按要求进行处理，弃碴场地应远离当地居民居住地点。

2）弃碴场应按设计修筑挡墙，有条件的地方应尽可能复耕，无复耕条件的地方应植草、植树，并修好排水沟，恢复原排水系统，避免诱发灾害的产生。

3）严禁将隧道的废碴弃在受洪水、泥石流、雪崩、滑坡等自然灾害影响地段及居民居住点的上方，并不得堵塞河流及交通要道。

16.3.8 隧道内、外的施工废水的排放应符合下列规定：

1）隧道内、外的施工废水不得直接排入河沟、河流及农田内，应排在隧道洞口已按设计做好的污水处理池内。

2）隧道内、外的施工废水经污水处理池处理后，经检测达到《污水综合排放标准》（GB 8978—1996）或当地有关部门环保要求后方可排入河沟、河流及农田。

3）根据不同施工场地排水网的走向和过载能力，选择合适的排口位置和排放方式。

4）在工程开工前完成工地排水和废水处理设施的建设，并保证工地排水和废水处理设施在整个施工过程的有效性，做到现场无积水、排水不外溢、不堵塞、水质达标。

5）泥浆水产生处设沉淀池，沉淀池的大小根据排水量和所需沉淀时间确定。

6）在季节环保措施中制定有效的雨期排水措施；钻孔桩、旋喷桩施工现场配备有效的废浆处理设备。

7）根据实际施工情况，结合内蒙古自治区降雨特征，制定雨期排水方案，避免废水无组织排放、外溢、堵塞城市下水道等污染事故发生。

8）施工现场设置专用油漆、料库，库房地面做防渗漏处理，储存、使用、保管专人负责，防止油料跑、冒、滴、漏污染土壤、水体。

9）弃土、弃浆按有关规定，弃至指定地点并加强运输车辆管理；弃土、弃浆的运输时间、运输路线、运输方法、堆放地点、堆放方式等严格按照内蒙古自治区有关部门的规定进行；弃土、弃浆场地按规定进行妥善保护，避免因弃土、弃浆引起排水不畅、污染水源等不良后果。

16.3.9 防止大气污染的控制措施：

1）粉尘、扬尘的作业面和装卸、运输过程，制定操作规程和洒水降尘制度，在旱季和大风天气适当洒水，保持湿度。

2）合理组织施工，优化工地布局，使产生扬尘的作业、运输尽量避开敏感点和敏感时段（室外活动人群较多的时间）。

3）严禁在施工现场焚烧任何含废弃物和会产生有毒有害气体、烟尘、臭气的物质，有害物质要使用封闭和带有烟气处理装置的设备。

4）对类似水泥的易飞扬细颗料散体材料，安排在临时库房存放或用彩条布遮盖；堆土场、散装物料露天堆放场要压实、覆盖。运输时采用彩条布遮盖或其他方式防止遗撒、飞扬；卸装时要小心轻放，不得抛撒，最大限度地减少扬尘。

5）选择合格的运输单位，做到运输过程不散落。

6）为防止进出现场的车辆轮胎夹带物等污染周边公共道路，故在出口处设立洗车台，清除车轮携土。

7）拆除车站内构筑物时要有防尘遮挡，在旱季适量洒水。施工期间现场一旦干燥、起尘，也应及时喷水，保持湿度，避免扬尘污染周围环境。

8）运输、施工作业所使用的车辆、机械均通过当年机动车尾气检测，并获得合格证。禁止因不良运行而产生施工机械的超负荷工作，保证机动车尾气的标准排放。

9）施工前做好施工便道的规划设置，临时施工道路基层要夯实，路面要硬化。

16.3.10 固体废弃物的主要来源是工程弃土、建筑废料和生活垃圾，会对城市环境卫生造成影响，采取的控制措施如下：

1）减少容易产生污染的材料的堆放时间和堆放量，并合理选定堆放场位置，对弃土进行洒水覆膜封闭，防止扬尘污染，堆土场周围加护墙和护板。

2）制定泥浆和废渣的处理、处置方案，按照法规要求选择有资质的运输单位，及时清运施工弃土和余泥渣土，建立登记制度，防止中途倾倒事件发生并做到运输途中不撒落。

3）选择对外环境影响小的出土口、运输线路及运输时间。

4）剩余料具、包装及时回收、清退。对可再利用的废弃物尽量回收利用。各类垃圾及时清扫、清运，不得随意倾倒，尽量做到每班清扫、每日清运。

5）施工现场内无废弃砂浆和混凝土，运输道路和操作面落地料及时清运，砂浆、混凝土倒运时应采取防撒落措施。

6）严禁垃圾乱倒、乱卸。施工现场设垃圾站，各类生活垃圾按规定集中收集，由环卫部门及时清理、清运，一般要求每班清扫、每日清运。

16.3.11 防遗撒措施：

1）运输车辆进出场时，派专人清洗轮胎和车厢挡板，防止污染城市道路和市区环境。

2）外运土方车辆进行严密遮盖，出场时设专人清洗轮胎和车厢挡板，防止污染城市道路和市区环境。

3）运输车不得超量运载、运载工程土方最高点不超过车辆槽上沿 50 cm，边缘低于车辆槽帮上沿 10 cm，装载建筑渣土或其他散装材料不得超过槽帮上沿。

4）废泥浆外运采用专用车辆，指定专人管理，检查车辆的密封性能，并严禁在中途排放。

16.3.12 生态环境保护措施：

1）对城市绿化，在施工范围内严格按有关法规执行。临时占用绿地要经有关部门的批复；砍伐或迁移树木要报批并交费，不得随意修剪树木；古树名木按要求进行特殊保护。

2）对门前屋后凡可进行绿化的地点均种植花草树木，并由专人挂牌维护管理，增加现场的美观，调理职工的情绪。

3）施工场地应尽量绿化、硬化，工程竣工后应及时清理场地，恢复本来面貌。

4）随时跟踪气象预报，了解降雨时间和特点，以便在降雨前对施工现场的弃土进行及时清运、压实、覆盖等措施，防止水土流失。

5）对地上和地下的建筑等要防震、防毁和避让，不污染，不危及建筑物等的安全。发现地下文物时，要保护现场并及时报告。

6）工程回填土堆施土质较松散，降雨前应采取压实、覆盖等措施。

7）执行有关规定，将废弃的土石方及时清运至规定的地方处置，以确保水土流失减少到最低程度。

8）进行土方施工时，根据施工现场平面合理设置排水设施，将施工泥沙和径流污水经过沉淀后引入市政管网。

16.3.13 施工生产和生活用地应贯彻十分珍惜、合理利用和切实保护耕地的基本国策，坚持科学用地，坚持节约用地，坚持少占农田。

16.3.14 施工生产和生活用地使用结束后做好复耕工作，将施工中曾经被占用或者破坏的土地，恢复或者基本恢复到原有的状态。

17 建筑物保护

17.1 建筑物调查的范围与重点

17.1.1 根据隧道地质和隧道埋深等确定施工的影响范围，已对隧道两边线外各 30 m 范围内的所有地面建筑物进行调查。

17.1.2 相关调查的内容为建筑物的名称、位置、所属业主、建筑物的用途、建筑物的层数（高度），有无地下室，建造时间，结构类型，建筑物的基础类型和基础深度，建筑物结构裂缝宽度等，其中建筑物的基础类型、基础深度、尺寸及其与隧道的相对位置关系是调查的重点。

17.2 邻近建筑物和隧道上方建筑物保护措施

17.2.1 控制地面沉降主要措施如下：

1）开挖前在掌子面打导管注浆加固围岩，减少开挖过程中围岩的变形。

2）开挖采用分区松动爆破，短进尺，强支护，将扰动控制在尽可能小的范围内，以减少围岩变形。

3）喷锚支护结束一段临时支撑一段，在拱顶初期支护背后注浆加强围岩和支护整体承载力。根据量测结果尽早进行二次衬砌。

17.2.2 施工监测反馈信息指导施工：

1）在开挖中依据监测数据分析结果，采取各种措施控制地层变形量，如果发现周边建筑有较大的沉降或倾斜趋向，立即采用注浆加固保护措施。

2）开挖中采取减少进尺深度、放慢开挖速度、加强支撑等措施，加大观测频率直至建筑物变形得到控制。

17.2.3 制定应急措施如下：

1）平常预备一定数量的备用钢支撑。

2）当周边建筑物沉降或变形趋势剧烈，接近控制标准时，立即采用应急措施，停止开挖，尽快完成衬砌，加强支撑，将情况向有关部门汇报，召集有关专家和专业单位进行研究处理，采取切实可行的措施，直至沉降或变形得到纠正。